坦翁禅話

安永祖堂

もくじ

カバー絵・挿絵　松尾正澄

坦翁禅話

禅の色

色にはそれぞれのイメージがあります。たとえば、わたしたちに食欲を起こさせる色というのがあるそうです。さて何色かおわかりになりますか？　赤と緑と黄なのですね。リンゴやニンジンの赤。新鮮なレタスの緑。パスタや卵の黄。なんとなく納得させられますね。その逆に食欲を失わせる色もあるそうです。黒と紫、そして茶だそうです。黒は喪服の色ですね。死を連想させるのでしょう。紫はヨーロッパでは必ずしも好まれる色ではありません。復活祭の前、キリストの死を悼む色が紫です。茶は排泄物を思わせますね。お食事中の方、ごめんなさい。

ところで、これらの三つの色は面白いことに、お坊さんの着ている法衣の色と同じですね。そして、お坊さんの法衣や袈裟の色にそれぞれ種類があるように、ひとくちに仏教といっても、日本にはさまざまな宗派があります。それぞれの宗派も色のイメージで表わしてみるとずいぶんと違うの

ですよ。律宗《りっしゅう》や法相宗《ほっそうしゅう》などの奈良の旧仏教はいかがでしょう。淡い水彩画の色彩のような、あるいはパステル画のような、やわらかなニュアンスがただよっていませんか？　密教はどうでしょう。曼陀羅《まんだら》と護摩《ごま》を焚く炎が思い浮かびます。即身成仏、まさに濃厚な原色が跋扈《ばっこ》する極彩色の世界ですよね。浄土教をご存知ですか。西方極楽浄土を人々に表現してみせるには、やはり金色に輝く阿弥陀如来が欠かせないでしょう。

お待たせいたしました。では禅はどうでしょう。雪舟の描く水墨画のようなイメージ？　黒と白だけのモノトーンの世界でしょうか。いやいやそうではなくて、むしろわたしは、禅の色は透明だと思うのです。「ずるいぞ、無の色だから透明なのだろう」というお叱りが聞こえてきそうですね。

それはつまりこういうことなのです。油絵を画いたことのある方でしたら、絵の具を溶くのに使うテレピン油があったのを憶えているでしょう。日本画を趣味にしている方ならば、水に溶けない岩絵の具をニカワに混ぜて用いるのをご存知ですよね。あのテレピン油の色です。あのニカワの色です。あってなく、なくてある色なのですね。そのような色だからこそ、自分以外のすべての色を生かすことができる。そういう色が禅の色だと、わたしは思うのです。

間

ジョン・海山・ネプチューンというアメリカ人尺八奏者がいます。氏ほどの吹き手は日本人にもそうはいないというほどの手錬であり、ジャズなどの他の音楽分野とのジョイントを試みて、尺八の可能性をさらに探ろうともしています。大変ユニークな人物ですね。その海山氏が以前、NHKの「ラジオ英会話」のインタビューで、このような話をしていました。

西洋人として、日本の伝統楽器である尺八を学ぶにはさまざまな困難があった。その一つが「間《ま》」の意味を理解することだった。ただの音符と音符の間ではない、そして休符とも微妙に異なるその音の無い時間の意味がよくわからなかったという話です。

胎動としての沈黙というならば、西洋にもその伝統があります。ベートーベンの交響曲第五番『運命』の楽譜の最初の音符は八分休符であるということはよく知られていますね。いわばこの八分休符が『運命』という作品の命運を握っているのでしょう。

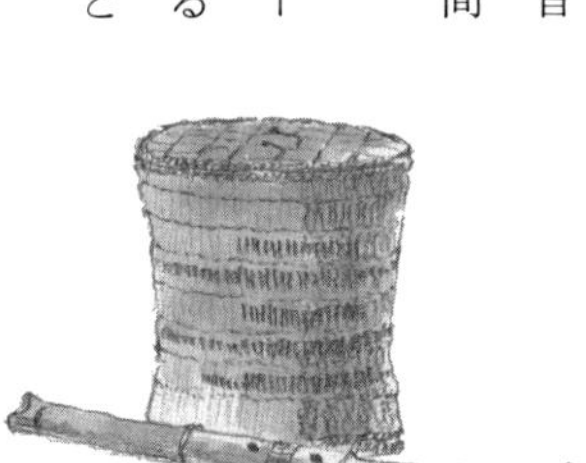

しかし、西洋音楽の休符と尺八の「間」とは根本的に異なっています。つまり海山氏がいうところの困難さというのは、実は東洋の文化そのものに根ざしている「間」の意味深さが難解だということなのですね。海山氏が例に挙げていたのは、水墨画の余白です。西洋絵画にあっては、キャンバスはすべて、何色かで塗り込められています。その中での白は、他のあふれんばかりの色彩とともに、一つの色という存在にすぎません。

しかし、水墨画の世界の白は、ただの色ではありません。墨絵の中の白は墨の黒に対しての紙の白ではありません。中間色の灰色を浮遊させるための、両性具有的な存在でもありません。それそのものとして単独者の存在を自負している白なのです。これが氏のような西洋人には、尺八の「間」と同様に理解しがたいものであったようです。

さらには、日本家屋の生活空間に今なお存在する「床の間」という空間。少なくともアメリカ人ならば、あのような無駄な空間は家の中に作らないといいます。氏ならば本棚でも作ろうと考えるそうです。しかし、「床の間」はそこに一輪の花を活けた鶴頸《つるくび》を置くなりするだけで、他に何も無いその空間の存在を示唆するのであり、「無用の用」(『荘子』)にも通じるような、これも一つの「間」であろうと語っていました。

最後に、それらの水墨画の「白」、日本家屋の「床の間」は、尺八の「間」と同じく、仏教の「空」、禅の「無」といった思想につながるのではないかと述べて話を結んでいたのです。さて、みなさんはどう思われますか？

自己と他者、本質と現象、主観と客観というような、哲学の世界の伝統的な二元論を越えようという際に着目されるのも「間」です。メルロ・ポンティの「間」、マルティン・ブーバーの「我と汝の関係」などがその代表的なものですね。そして日本語の「人間」が、西洋の人間概念にない「間」という契機をその定義の中に含んでいることに着目したのが和辻哲郎（一八八九〜一九六〇）という人だそうです。

そういえば日本語には、「人間」のみならず、「時間」、「空間」というように「間」のつく言葉が多いですね。たとえば「時間」はどうでしょう。「時」と「時間」の違いはいかなるものなのでしょう。「時」と「時」の「間」が「時間」なのでしょうか。「時」が点ならば「時間」は線なのでしょうか。点の連続は線になり得るのでしょうか。点の連続はどこまでいっても独立した点の連続であり、点の延長としての線にはなり得ませんね。「滴水滴凍」（『碧巌録』四十七則）とはそれを言うのです。ゆえに「時」と「時間」は、均質であって同質ではない存在ということになるのでしょう。

そしてそれは、「空間」という言葉にもあてはまるでしょう。「空」と「空間」の違いはいかなるものなのでしょう。この場合の「空」は、もちろん仏教でいう「空」です。では「空」と「空」の「間」が「空間」なのでしょうか。本来、「空」に「間」などあるはずがありませんね。「無縫《むほう》塔《とう》」（『碧巌録』十八則）とはそれをいうのです。「空」と「空間」とは、別次元の存在ということになります。ところが「空」の「空」たる場にあってはそうであっても、「空」の受肉化にあっては事態が一変します。「空」が成立してこその「空間」ということになるのでしょう。

いよいよ「人間」という言葉の登場です。「人」と「人間」の関係はいかなるものなのでしょうか。ここでの「人」とは言うまでもなく、臨済義玄《りんざいぎげん》（?～八六七）のいう「無位真人」であり、「無依道人」であり、本来の自己をいいます。ゆえに、「人」と「人間」は均質であって同質ではない存在ということになるでしょう。さらには、「人」が成立してこその「人間」ということになるのでしょうね。

さて、ここまで贅言《ぜいげん》を連ねてきたのは他でもありません。みなさんに、「間」ということを一度じっくりと考えていただきたかったからです。アメリカ人である海山氏が、「間」というたった一文字の日本語から、東洋の文化、仏教の「空」、禅の「無」にまで考えを巡らせています。日本人であるみなさんがうっかりしていたら、「間抜け」のままで「無間地獄《むけんじごく》」に堕ちてしまいますよ、と言えば言葉が過ぎるでしょうか。

ジャガイモと干し椎茸

天龍寺で修行して十年目、日本を離れてオランダのカトリック修道院に滞在していた折りの出来事。

三十名ほどの修道士がいたが、白く長いヒゲの修道士が一人、いつも台所の中庭で椅子に坐ってジャガイモの皮をむいている。

来る日も来る日もジャガイモの皮をむいている。

私が午前中の庭仕事を終えて部屋に帰る途中、いやでもその姿が目に入る。

ある日、思いきって声をかけてみた。

「ここに来られて何年になります?」

「六十年」

「いつから食事当番を?」

「十三年前から」

「十三年間、毎日ジャガイモの皮をむいていて飽きませんか?」

「ジャガイモの皮も完璧にむけば、神を賛美することに変わらない」

包丁を握る手を休めることなく、ボソリと言われたその言葉に天地が震えた。

信仰に生きるとはこういうことをいうのだろうか。

かつて、永平寺の開山である道元《どうげん》禅師（一二〇〇～一二五三）が初めて大陸に渡られた時に、六十過ぎの老典座（食事当番）の中国僧に出会った。

はるばる阿育王山から日本船に積まれた干し椎茸を買い求めにきたのである。

若い道元禅師はぜひ船に一泊していくようにと勧める。

しかし、その老僧は「自分が椎茸を買って帰らないと、明日の供養（修行僧に食事をふるまうこと）ができない」と言って聞かない。

禅師はとうとう、「老いたあなたがそんなことをするよりも、どうして坐禅に励み、経典を学んで悟りを得ることに努めないのですか?」と問いかけた。

すると、その老典座はカラカラと笑って言ったそうだ。

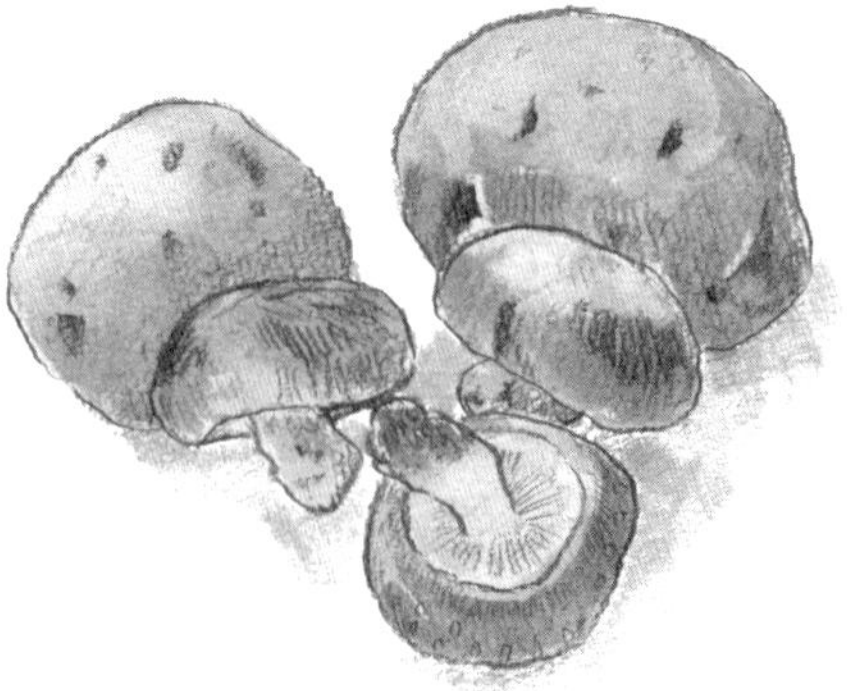

「お若いの、おまえさんはまだ禅の修行の何たるかがわかっていない」

そう言われて、道元禅師は大いに恥じ入られたそうだ。

さらに、その時の感動を『典座教訓《てんぞきょうくん》』に書き残して、後世の修行者たちへの戒めとしておられる。

さて、老いた修道士は異教徒に、神の被造物であるジャガイモの命を大切に頂くことの重要さを語ったつもりかもしれない。

老典座は道元禅師に、真理は遠くにあるのではない、日々の自分の務めを果たすところに現われると教えたのかもしれない。

しかし、はるか時空間を超えて、この二人はともに同じ世界に遊んでいるように思えてならないのだが、いかがであろうか。

少なくともこれだけは覚えておいていただきたいのである。

世の中に雑用というものはない。あなたが用を雑にこなした時に、雑用が生まれるのである。

仏様のおかげ

京都には宗教系の教育施設が多い。仏教各派の本山が多く集まっていたので、僧侶養成機関として発足した学校が沢山あったからであろう。

またミッション系の学校も多いから、まさに世界的な宗教学研鑽のメッカと呼んでもよいのではないだろうか。

私の奉職する花園大学も、禅宗系の宗門校である。そのせいか教職員には僧籍を持つ人が多い。現在、私が使用している研究室の先代の住人もお坊さんであった。昨年亡くなられた加藤正俊先生である。

加藤先生は日本禅宗史の権威で、多くの研究業績を残された。学究肌の先生ではあったが、そこは禅宗のお坊さんだ。当然ながらと言うべきか、エピソードには事欠かない。

以下は、私が先生から直接うかがった話である。

先生が青雲の志を立てて、京都の郡部から受験のために花園大学に来られたのは、あたかも太平洋戦争真只中の頃だったという。

筆記試験を無事に終えて、面接試験を待っていた。順番が来たので、案内された教室に入ると面接官の教員が二人座っている。

先生は緊張しながら、前の椅子に座ったそうだ。受験番号と氏名を告げた後、質疑応答が始まる。

最初に右側に座っていた教員がおもむろに口を開いて尋ねたという。「まさに国家存亡の危機迫る時節、この非常時に仏教を学べるのは一体誰のおかげか?」

先生はこう質問されて、心の中で「よし!」と叫んで、胸を張って答えたそうだ。「はい、天皇陛下のおかげであります。」

ほめてもらえるとばかり思っていた先生に向かって、その教員は苦虫を噛みつぶしたような顔でこう言い放ったという。「仏様のおかげだろう!」

これは勇気の要る言葉だと私は思う。少なくとも言論の自由が認められている現代とは時代が違う。

おそらく戦時下にあっては、どの大学でも軍部や特高の目が光っていたのではないだろうか。

そのような不穏な時代に、地上の主宰者とは次元を異にする絶対者がいるという信念を示すのは容易なことではあるまい。

教育の場であれ何であれ、一方的な価値観だけがまかり通るような時代が再びやってくることだけは絶対に避けたいものである。

この京都も多種多様な学校が共存し、それぞれの建学の精神で自由に研鑽し合える街であり続けて欲しいと切に願っている。

カス妄想かわくない

永江朗『広辞苑の中の掘り出し日本語』（二〇一一年、バジリコ株式会社）によると、「心」は「うら」と読まれるそうだ。「うらさびしい」とは、心がさびしいことであり、「うらさびれる」はなんとなくさびしいことをいう意味になる。

つまり、『広辞苑』によると、「心」と書いて「うら」と読み、その意味は「表にはみえないもの」となるわけである。

もしそうならば、「うら」があるなら「おもて」もあるにちがいない。さしずめ「面」が「おもて」になるのだろうか。

なるほど日本語は面白い、などと下らない妄想をふくらませていると禅僧に叱られそうな言葉が「カス妄想かわくない」である。「妄想」はおわかりだろう。「根拠もなくあれこれと想像すること」であり、「妄念」かつ「邪念」と同義である。

しかし「かわくない」はいかがだろうか。室内辺の事は他言すべからずだが、許される範囲で言わせていただこう。実はこの言葉は先師との公案商量の場で初めて知った。「妄想する」とか「妄想をかく」は聞いたことがある。ちなみに「かく」は「掻く」と同源で「する」をののしって言う言葉だ。「べそをかく」とか「ほえづらかく」というように用いられる。天龍寺の室内では「書き取り」と称して、幾則かの公案が透過すると確認の意味もあって本則と見解を紙に書いて提出し、師に確認して貰う。

その折に返されたものを見ても、確かに「カス妄想かくない」ではなく「カス妄想かわくない」となっていた。聞き間違いかと思ったがそうではなかった。やはり「かわくない」という日本語で正しかったのだ。

頭の片隅に残っていたこの言葉が、山田無文老師の『碧巌録全提唱』（一九八五年、禅文化研究所）にも出ていた。やはり無文老師が「こら、カス妄想かわくない！」と雲水を叱咤しておられるのである。

それでやっと調べてみてわかったのである。「かわく」は「好ましくない物事をすることをののしっていう語」で「しやがる」とか「していやがる」のように用いられるらしい。「らしい」というのは、おそらく現代日本語では使用しないだろうと思われるからだ。古語辞典の用例を見ても「盗みかわくはどいつじゃい」と近松門左衛門の『丹波与作待夜《たんばよさくまつよ》の小室節《こむろぶし》』という浄瑠璃の一節が引かれている。

近松門左衛門（一六五三〜一七二五）である。まさに白隠慧鶴《はくいんえかく》禅師（一六八五〜一七六八）と同時代の日本語のボキャブラリーではないか。

要するに、臨済宗門の室内ではその頃の日本語をいまだに引きずっているのである。よく言えば伝統芸能の如く保持しているのである。

そのような例は他にも沢山ある。「らっしもない」というのはご存知だろうか。

「らっしもない欠けすり鉢」などのように使う。

「埓《らち》も無い」はわかる。「埓」は「しきり、かこい」で、「とりとめがない」「順序だっていない」「めちゃくちゃである」のように解釈される。

ではなくて「らっしもない」である。この言葉には別の場所で、不干斎ハビアン『妙貞問答』（一六〇五年に著わされた、日本人による最初の体系的キリスト教護教論書）を大学の演習のテキストとして読んでいたときにも出くわした。

実は『邦訳日葡辞書《ほうやくにっぽじしょ》』（一九八〇年、岩波書店）によると、「らっしもない」は「臈次も無い」である。

「臈」は「臘」の俗字で、「法臘次第《ほうろうしだい》」の略されたもののようである。

つまり「法臘」は出家得度してからの年数をいうから、「序列がきちんとしていない」「秩序がない」「順序次第が整っていない」であり、そこから「だらしがない」「たわいもない」という意味に転じていったらしい。

これも現在にまで伝わる公案体系を整備されたとされる白隠禅師とそのお弟子様方の使われていた日本語の語彙が、まったくそのままに伝えられている一つの例であろう。

いわば死語と呼ばれても仕方のないようなこれらの言葉が伝来の見解とされて、これからも幾世代に渡って未来の児孫に伝えられていくのだろうか。

ところで気になることがひとつある。巷間出回るところの破有法王『現代相似禅評論』（一九七〇年、みずほ書房）や明眼庵主『公案解答集』（一九二二年、中央佛教社）などの類いに見られる公案の解答と称する箇所に、そのような伝来の古語がまったく見られないというのはどういう理由だろう。

坐禅のススメ

「樹下石上《じゅげせきじょう》」といえば仏教のことばとして、修行の旅をつづける僧侶が野宿する場所を指したそうだ。

仏教が中国に受け入れられてから、特に禅宗ではこのことばを屋外での坐禅スポットを意味するものとして用いるようになった。

だから今でも日本の臨済宗の修行僧たちは消灯後、各自がそれぞれの場所、すなわち木の下や石の上で「夜坐《やざ》」と呼ばれる坐禅の行に毎夜の如く励んでいる。

夏は群がり来る蚊に悩まされ、冬は膝に雪を積もらせながら坐るのだから、なんともストイックなものである。

ところで、亜熱帯の国インドでは「樹下石上」といえば、強烈な日差しを遮ってくれる涼しい木陰であり、さらりと乾いた冷たい石の上ということになる。

要するにもっとも人間にやさしい場所であり、静かに瞑想するにも最適の環境であったのだ。

それがどうだろう。はるかインドから伝来した教えどおりに修行しようとするものだから、坐禅もすっかり苦行になってしまったようである。もともと坐禅とは安楽の法門であったはずなのだが。

はるか悠久の時間の流れに揺蕩《たゆた》いながら、インドからアジア、さらにアメリカやヨーロッパへと仏教は今も流伝の旅を続けている。

そして、その広く深い流れにあっては、仏教受容のスタイルも多種多様に変貌し続けている。たとえば、かつてのインドの坐禅はどのようなものであったかはこの寓話から理解できるのではないだろうか。

昔ある王国の宮殿で王妃と侍女たちが庭園を散歩していた。ちょうど池にさしかかった時に、どういうわけか王妃の指から指輪がスルリと抜けて池の中に落ちてしまったという。

あわてた王妃は「王様からいただいた大切な指輪です。早く拾って!」と侍女たちに命令する。侍女たちはわれ先に池の中に飛び込んで指輪を見つけようと懸命である。ところが、たくさんの侍女が池の中を必死に探して歩き回るので、水が泥でにごってしまって探せども探せども何も見えない。

そこにたまたま森に住む老いた賢者が通りかかった。先ほどからの様子を見て、おもむろに侍女たちに「池から上がりなさい」と声をかける。

そしてしばらく池のほとりで待つようにと言う。すると泥水でにごっていた池が静かになり、やがて元のように透明できれいな水にもどった。

そのときである。太陽の光をうけて池の底でキラリと光るものがあった。それが王妃の指輪だったのである。

賢者は「探し物というのはこちらが静かにして待っていれば、むこうからここにいますよと教えてくれるものだ」とつぶやきながら去って行ったということである。

人間の心も同じである。本当の自分はどこにいるのかと必死に探し回っても見つかるわけがない。むしろ心を静めて落ち着かせると、向こうからその姿を見せてくれるものだ。

要するに、これがインド仏教に説かれるような坐禅であろう。確かにそれも間違ってはいない。しかし、中国、さらに日本に伝えられると坐禅に対する考え方も変わっていった。

坐っている時だけが坐禅ではなくなったのである。「動中《どうちゅう》の工夫《くふう》、静中《じょうちゅう》に勝《まさ》ること百千億倍」と言われる。

じっと静かに坐禅を組むことも大事だが、日常生活の中の修行を坐禅と心得て大切にせよと教えるわけだろう。

そのように一口に坐禅といっても、そこには長い歴史と多様な側面が内包されている。

「仏法東漸《ぶっぽうとうぜん》」と称して、仏の教えは東へ、東へと伝わっている。だからアジアからアメリカやヨーロッパに伝えられると、仏教もまた新しい局面を迎えるようである。

現代のアメリカにも仏教徒は多く存在する。もちろん熱心にチベット仏教を信奉する人もいれば、ナイトスタンドブッディストといって、特に出家するわけではないが個人的に瞑想の習慣を持っているという人も多くいる。

一般的に言えるようだが、ヨーロッパの人たちは一たびキリスト教の信仰を捨てて仏教徒になったら、けっして教会には行かないというケースが多い。

しかし、アメリカの場合は教会にも行けば、仏教のワークショップにも気軽に参加するというように、かなり融通無碍な人が少なくないとされる。

また欧米の坐禅会の指導者には日本と異なって、女性が多くそのポジションに就いている。さらにこれは欧米の参禅者に共通して言えることだろうが、自分が坐禅中に体験したイメージの解説を求める人が多い。これも日本人にはあまり見られない傾向ではないだろうか。

おそらくはシュリンク（精神科医）のカウンセリングが社会に定着しているせいで、同じような心理的ケアを禅に求めるのかもしれない。

坐禅の際に体験するような非日常的な心理的イメージは「魔境《まきょう》」であって、いちいち取り合う必要は無いといってもなかなか聞いてくれないのである。

また警策を嫌うことがはなはだしい。他人が打たれている音を聞いただけで坐禅堂から勝手に出て行く人がいくらでもいる。

自分たちは禅は学ぶが、武士道精神は学ばないと公言する人に会ったこともある。

警策については十分な説明は必要だろうが、これは身体論の問題である。欧米の人たちは禅の悟りを心の出来事と考えている。デカルト以来の身心二元論の影響であろうか、身体を心よりワンランク下に置くようだが、禅はそうではない。身体こそが大切なのである。

曹洞宗の開祖である道元禅師などは、心は悟らない、体が悟るとさえ教えられた。そこで要するに、人間に体の存在を意識させる一番手っ取り早い方法は、打たれることなのである。それが現在でも警策が使用される大きな理由だろう。

またヨーロッパといってもフランス語圏では、故弟子《でし》丸泰仙《まるたいせん》師（一九一四～一九八二）の後継者を自任するリーダーが数多くいてそれぞれが指導しているグループが多く、どちらかというと曹洞宗系統の坐禅が支持されているようだ。

しかしドイツ語圏では、むしろ日本の在家教団である三宝教団系の禅が広まっている。興味深いのはその指導者にキリスト教の神父やシスターが多いという事実である。

特に年配者はキリスト教の教会で坐禅（キリスト教的な瞑想として）を組むことにある種の安心感を抱くらしい。これは日本人が寺院や神社の伝統行事に抱く感覚とそれほど変わらないのだろう。

そのあたりからキリスト禅とか禅キリスト教のようなものがすでに市民権を得ているのが欧米の現実とも言える。

カトリックには修道会という組織がある。そのなかでも観想修道会という会派があって、トラピスト会の神父が熱心に禅の修行をして指導者として認められているケースもあるようだ。今や彼らは中国の少林寺に招かれて、坐禅の指導をしているという時代なのである。はるか昔に日本を吹き抜けていった坐禅が、地球を一回りしてまったく別の顔をして再びやってくるかもしれない。さていったいどんな顔をしているのだろう。

宗学のパラドックス

パリで客死した哲学者の森有正《もりありまさ》（一九一一～一九七六）が、体験と経験について縷々言及していたことは知られている。例えば、「経験と体験というのは別のものがあるのではなくて、一つのものが、ある凝固した形をとるときに、それが「体験」で、それがあくまで新しい可能性に向かって開かれているときに「経験」という名前を私はつけるのです」。（『生きることと考えること』）つまり、一度の経験をその後何度も何度も同じ言葉で語るというのであれば、そういうものは体験である。そしてそれは、その後の自分の生き方とともに意味づけも変わっていくような経験とは一線を画していると、森は説くのである。

では私たちが「禅体験」と「禅経験」と呼び分けるような場合には、どのように差異を考えればよいだろう。「体が験《ため》す」のが体験、「験《あかし》を経たもの」が経験と捉えてみてはどうだろうか。「聞声《もんしょう》悟道《ごどう》見色《けんしき》明心《みょうしん》」と言われるように、身体感覚の発現は見性《けんしょう》と呼ばれる刹那には欠かせない。「禅体験」とは、体験する主体と体験される客体に二元分節される以前の極めて短い瞬間に発生する身体による心理の占有状態を指す。一方の「禅経験」はその「禅体験」の意識化及びその自覚、さらにはそれら全体の客観化の過程を指示する用語として使い分けてみるというものだ。

すると、森の言う経験であれ、「禅経験」であれ、必然的にそこに介入を許さざるを得ない言葉というものについて整理しておく必要が生じてくる。ちなみに森はこのように説明する。「自分の経験は自分以外の人の経験ではないのですから、まったくオリジナルなものだけれども、その独創的なものをあらわすには、全く非独創的な、共通したことばを使わなければならない」。（同上）

つまり皮肉なことに、個人の経験と呼ばれるものは社会を構成する第三者に通用する言葉に拠らなければ普遍的なものになり得ない。しかし、誰でもの言葉で以て、どうして当事者だけの徹底個の世界が表現できるだろう。かえって制約を受け、逆に言葉に妥協しなければならないという本末転倒の状況すら生じる。それは「禅体験」にとっては致命的だ。手垢のついた陳腐な言葉で、瑞々しい「禅体験」の生命を奪わないでくれ。言葉なんてコミュニケーションのための無機質な道具に過ぎないではないか。

ところが、そうばかりとも言えない。もしも「禅

体験」に生命があると言うならば、実は言葉だって生きているのである。言葉も生まれては死んでいくのだ。使われなくなった死語は、過去という時空間に累々と屍を重ねている。言葉は特定の人間の共同体に迎え入れられたとき、生命を与えられる。しかし、旬の時期もあれば、やがて忘れ去られる時も来る。中には生きた屍のような言葉すらあるではないか。神とか仏とか……いや、止めておこう。そう、活句と死句という禅語だって存在する。

要するに「禅体験」と言葉という両者の関係は、まるで二匹の捕食生物が対峙しているようなものではないかと申し上げたいのである。喰うか喰われるかのサバイバル・ゲーム、まさに生存競争に他ならない。体験が生き残るか、言葉が勝利を収めるか。

そこで、本題である。奈良康明《ならやすあき》先生（一九二九〜二〇一七）に面識を頂いたとき、お尋ねしたことがあった。「先生、宗学とは何でしょう」。先生はシャキシャキとした下町の江戸っ子弁で答えて下さった。「宗学とはね、宗旨と学問の緊張関係です」。なるほど明快極まりない。ところでその両者の緊張関係とはまさに、先述の「禅体験」と言葉の間のそれに他ならないのではないか。

そもそも宗学をオーソドックス（orthodox は paradox の antonym である）に解釈すればこうなるだろう。「宗学は、宗祖の教学が真理であることを論証する学問、あるいは宗祖の教学の解釈学となるのである」（『平川彰著作集第八巻』）。

ところが、我が宗門では以下のごとき定義が下される。「臨済宗には、それによって立つような教義や信仰個条のないこと、つまり一般的な意味での宗学がないことこそが臨済宗学の特色である」（西村惠信『現代仏教を知る大事典』）。

まったくもって面妖な世界に入ったものだ。「理屈を言うな」と本師から叱り続けられた十五年の参禅弁道を経て、「論理的に語れ」と要求される正反対の学問の世界に身を転じた人生である。いまだに宗学というパラドキシカルな世界で、試行錯誤の連続の日々を過ごしている有様だ。

ただし鈍根の私にもようやく一つ、わかったことがある。それは、以前は大学の教員とか研究者というような職には学問を極めたような人物が就くものだと思っていたが、それは間違いだった。そうではなかった。よく学んだ者ではなく、よく学ぶ者がなるのが学者という職業であった。

珊瑚枕上両行涙　―追悼集瑞軒老大師―

先師、集瑞軒平田精耕老大師（一九二四〜二〇〇八）は誉め上手であった。豚もおだてれば木に登るというが、筆者などはまさにそれであった。天龍僧堂で十五年、どうにか辛抱できたのもひとえに先師の仁徳のおかげであった。いまや登ってはみたものの、進むに進めず、下りるに下りられずという体たらくであるが。

人をその気にさせてしまうあの作略はどこで身に付けられたのだろう。生来のものだったのだろうか。先師の私淑していた関精拙老師は「四料揀《しりょうけん》」を済まされたあたりで、峨山《がさん》老師の遷化に逢われた。だから、それ以降の室内の調べは龍淵禅師に付いて見られたわけである。

そのせいであろうか、常々二人の師匠を比べて言われていたという。「峨山和尚は、雲水を誉めて誉めて誉めちぎった。龍淵禅師はまったく逆に、雲水をけなしてけなして叱りつけた。横着者のわしじゃから龍淵禅師の下でも勤まった」。

峨山老師が修行者を誉めて育てたというのはよく知られている。隠侍の雲水が老師の下駄をしまおうとでもすれば、「末は三界の大導師になるお方に、履物の始末などさせられんわい」と言って、自ら下駄箱にしまわれたそうである。明治の禅界に知らぬものは無いといわれた、天下の峨山である。そういわれて感激しない雲水はいないだろう。のちに済門の棟梁となった人材が輩出したのもよくわかる。

おそらくは、先師は峨山和尚の家風に倣ったにちがいない。そう思っていたら、偶然に読んだ文章になるほどと感じ入ったことがある。少し紹介してみよう。『司馬遼太郎全講演』で、吉田松陰の優しさについて触れているくだりである。

人の悪口とか欠点というものは、凡庸な者の目にもわかるのです。ところが、人の長所は、友達の長所でもなかなかわかりませんね。

絶対にわからないのではと思うこともあります。絶対は大げさかもしれませんが、そのためには心が優しくなければわかりません。その友人なら友人、その後輩なら後輩に対して心が優しくなければ。

心を非常に優しくすれば、わかってくるものなのです。心を優しくするためには、己をなくすことがいちばんです。競争相手であることを押し殺し、その相手を優しく眺めてみれば、あのことについては自分はおよばないと、よくわかってくるはずです。

たとえ頭が良くても、心が優しくなければだめなのです。大変に頭のよい人で、人の悪口ばかりを言っている人がいます。それは心が優しくないからですね。心が優しくないから人の欠点がよく目につく。頭がよければよいほど目につく。

ところが、そういう人は人間として他の人間に影響を与えることはできないのです。他の人間に対して影響を与えることのできる人は、とびきり優しい心を持っている人ですね。

そう、先師はとびきり優しい心を持っていたのだ。また言うまでもなく、日常底の優しさとともに、室内には室内独特の優しさがあった。

滴水下の公案体系は五位十重禁戒が終わってから本格的な修行が始まるが、その段階の室内では存分に看話禅の醍醐味を堪能させてくれた。そうかと思えば、一則の公案で二年、三年と引っ張られたものでもある。あの巻舒自在の力量の源は何処にあったのか。

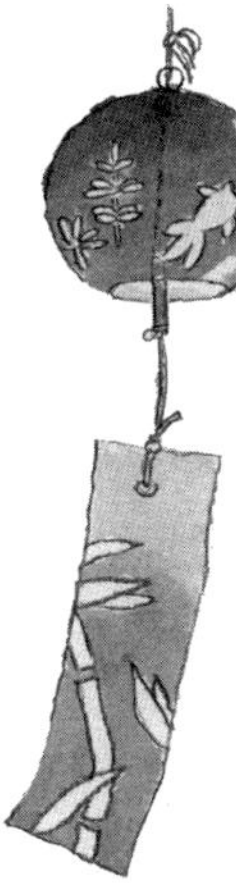

ご自身の修行時代の思い出を提唱や講演で口にされたということは、あまり記憶にない。雲水には余計なことを言わないように気をつけておられたのだろうか。ただし、そんな先師も海外に出られたときは少々饒舌になられたようだ。西洋人に向けてあえて大慈大悲をもって、ご自身の修行体験について親しく語っておられる箇所がある。

公案に対する《正確な》解答なるものはそもそも存在せず、あるのはただ経験という個人的な解答だけなのである。その間の消息を、例えば平田〈精耕〉老師という、現在ハイデルベルク大学に在学中の日本人学者が次のように伝えている。（中略）
「われを忘れ、私は終日端坐した。昏はかさかさになり、つめたい風に私の身はかじかんでしまったが、意識はいっそう冴えわたって行った。摂心中のある夜のこと、大仏殿の縁側に一人坐し、凍てつくような寒さを避けていた。身をきるような風が大仏殿の軒にあたり唸りをあげた。不意に、私はこの風の唸りとひとつになった。その時、私は自己の身心を脱落した。これが、隻手の音声だったのである。私にはその音を完全に聞くことができた。
無意識のままに払暁まで坐した。けれども意識はひどく冴えていた。誰か私を揺り動かす者があった。通常の意識をふたたび取り戻すや、天地がきわめて新鮮に見えた。あらゆる物音が、鳥たちのさえずりが、真実、この隻手の音声以外の何物でもなかった。大歓喜に満たされ、私は老師のもとに入室し、この経験について問答商量した」。（エルンスト・ベンツ『禅東から西へ』）
翻訳文のもどかしさはあるが、ここには痛快な初関透過の様子が語られている。「先師に此の話なし。先師を謗ずること莫かれ」と叱られそうだが、まさに先師は正統派の公案禅者として世に立たれていたと思う。

筆者も僧堂を退いてから通訳養成所に通ったり、花園大学に籍を得て禅学の研鑽に励んだり、自由に生きてきたつもりでも、結局はお釈迦様の手のひらの中を飛び回っていた孫悟空と変わりはしない。ずっと先師が見守ってくれていたのだ。その先師もついに遷化してしまわれた。今はただ定中の大安楽を祈るのみである。

灰袋

今年（二〇〇八）の初めに師匠を亡くした。平田精耕前天龍寺派管長である。何事もそうだろうが、距離というのは実に大切だ。つまり、あまりに近すぎるとその人の偉大さもかえってわからないということである。

富士山を考えてみればいい。晴れた日に新幹線の車窓から見上げる富士山の姿は素晴らしい。雪を冠り、雲を随えるその神々しさに感動すらしてしまう。しかし、富士登山の人たちが足元に見ている富士山は、火山灰と土と岩にすぎないだろう。

私にとって師匠は身近な存在であり、近すぎたゆえにその真価がわかっていなかった。空間的にも時間的にも遠く離れてしまって、始めてわかる師の言葉の意味というものがあるようだ。

あれはまだ天龍寺僧堂で雲水修行をしていた頃だったと思う。師匠と信者さんと私の三人で、車で清滝に向かっていた時のことだった。その信者さんというのは関西経済界の重鎮で、当時は第一線で活躍しておられた。

その人が、車中で愚痴をこぼし始めた。「私も人さまのためにと思っていろいろと働いてはお

りますが、かえって誤解を受けて陰でいろいろと言う人がいてかないませんわ」。

それを聞いた師匠はカラっと笑ってこう言った。「そういうのはね、灰袋というんです。ほっときゃいいんですよ。叩けばこっちが汚れるだけです。自分のやるべきことをやっていればいいんです」。

今どきの若い人たちにはなじみがないだろうが、昔はご飯を炊くにもお風呂を沸かすにも薪を燃やした。すると当然、灰がたまる。燃えにくくなるので灰を処分しなければならない。ワラで編んだ袋などに入れておくのだから、それを叩いたりしたら、まさに灰神楽だ。

つまり、陰口を言うだけの人物は、相手にするだけ時間と労力の無駄ということだろう。本気で取り合えば、かえって迷惑をこうむる。

そういえば哲学の道にある西田幾多郎の句碑にもこう刻まれている。「人は人　吾はわれ也とにかくに　吾行く道を吾は行なり」。その道の達人というのは、同じようなモットーを持っているのかもしれない。

自分のやるべきことと残された時間を思えば、他人の評価にかまっていられない。そんな師匠だから、ネット上の匿名サイトの話などすればカラっと笑って言うだろう。「そういうのはね、灰袋というんです」。

下男昇天の松

「香厳上樹《きょうげんじょうじゅ》」という禅の問題があります。香厳智閑《きょうげんちかん》（?～八九八）というお坊さんが弟子に尋ねるのです。お前さんが口で木の枝をくわえただけで両手を離し、両足も離して木にぶら下がっているとする。そこに人がやってきて、禅とは如何なるものかと質問されたら、さていったいどうする？　禅僧なら何か答えなければならない、だが口を開けば落ちてしまうぞ、というものですね。

花園大学の学長を長く務められた山田無文老師（一九〇〇～一九八八）が、この問題にちなんで次のような逸話を紹介されています。

徳川末期の名僧、誠拙和尚が仏海寺の小僧だった頃、この「香厳上樹」の話を聞いて、こりゃおもしろいと思ったのだろう。寺に、少し脳みその足りない寺男がいたので、「おい、ちょっと来てこの松の木にのぼれ」とやった。寺男は馬鹿だから、いわれるままにのぼりよった。「枝をくわえろ」、くわえよった。「足をはずせ」、はずしよった。「手を片一方はずせ、もう一方はずせ」、とうとう口に枝をくわえてぶらさがりよった。さあここだ、ここでひとつ、寺男にものを言わさんならんと思って、「おい某、返事をしろ」と叫んだ。寺男、ハイと返事をして口を開いた途端、下へ落ちるかと思ったら、まっすぐ天へのぼってしまったというのである。仏海寺には今も「下男昇天の松」というて、枝ぶりのよい素晴らしい松がある。

じつに楽しい話だと思われませんか？　いたずら好きのわんぱく小僧と他人を疑うということを知らない無垢な聖者のような寺男とのやりとり、そして羽化登仙を思わせるような結末。よくできた寓話だと思います。

この話をはじめて知ったとき、ぜひ一度この松を見てみたいと思い、仏海寺のご住職に手紙で問い合わせました。するとご住職から、「下男昇天の松」については、『法宝山誌』という仏海寺の寺史を見て下さいとご返事をいただいたのです。

結果は意外なものでした。寺史にはまったく違う話が載せられていたのです。享保年間、仏海寺に円入庵主という侍者がいた。しばしば住職に「庭先の松の木から天に昇って、仏海寺を守護します」と言っては松の木に登ろうとして、住職に叱られていた。ある日、松の木の上から姿を消してしまった。そこで、その松は「昇天の松」と呼ばれるようになった。そして宇和島市指定の天然記念物にもなっていたが、枯死してしまった。というのが、史実とされている話なのです。

では、山田無文老師はいったい何処から「下男昇天の松」の話を引用されたのでしょう？　それともご自身で創作されたのでしょうか？

それはわからなくてもよいのです。言い方を変えれば、事実に基づいていなくてもよいのです。つまり、時に虚構は事実よりも真実を語るのです。むつかしいですね。歌人の俵万智さんにやさしく言い直していただきましょう。「わたしは真実をつたえるためには、とことん嘘をつく」（『チョコレート革命』）。

わたしたちにとってほんとうに大切なことは、香厳智閑禅師の質問の真意は何なのか、山田無文老師はなぜこの逸話を引き合いに出されたのか、わたしたち自身が、虚構の中から真実を見つけるべく努力することなのではないでしょうか。

禅のひびき

日本には三つの禅の宗派があることをご存知でしょうか。鎌倉の建長寺や京都の妙心寺などを本山とする臨済宗《りんざいしゅう》、福井の永平寺などを本山とする曹洞宗《そうとうしゅう》、そして宇治の万福寺を本山とする黄檗宗《おうばくしゅう》ですね。じつはさらに京都の明暗寺《みょうあんじ》などを本山とする、かつて普化宗《ふけしゅう》と呼ばれた一派もあるのです。

普化宗と言われてもおわかりにならないでしょう。でも虚無僧《こむそう》という名前はお聞きになったことがありませんか。深編み笠をかぶって尺八を吹く姿、テレビの時代劇に登場しますよね。実は虚無僧は今でも存在するのです。

そもそも普化宗は伝説的な禅の一派だったのですが、その発祥を臨済宗の開祖である中国唐代の臨済義玄禅師（?～八六八）と同じ頃の、普化和尚（生没年未詳）という禅僧にさかのぼると主張していました。その普化和尚がいつも鳴らしていた鈴の音を慕って、張伯《ちょうはく》という人物が竹の笛を吹いていたのだそうです。さらに、その教えの流れが宋で禅を学んだ法燈国師《ほっとうこくし》（一二〇七～一二九八）によって、はるか日本にまで伝えられたというのです。

その教えは「吹禅一如《すいぜんいちにょ》」、さらには「一音成仏《いっとんじょうぶつ》」という言葉で示されます。尺八を吹くことが単なる音楽演奏や鑑賞の対象ではなく、「仏」と一体の境地を表わすものだということ。あるいは坐禅と同じく、本来の自己に目覚める行法であると主張するのです。

そもそも宗教と音楽には深いつながりがあります。たとえば、キリスト教は歌う宗教と言われています。その礼拝は歌に始まり、歌に終わります。キリスト教徒は神に愛される喜びを歌わずにはいられないというわけです。仏教にもお経に節をつけて唱える声明《しょうみょう》が伝わっていますよね。

ではなぜそうなのでしょう? それは、言葉というものはものごとを定形的に表現するのに適してはいますが、ゆとりと深みに欠けるからなのです。それに対して音楽は、あいまいな事柄をあいまいなままに伝えることに向いているとされるからです。いわば言葉がデジタル信号であるのに比べて、音楽はアナログ信号であるともいえるでしょう。あるいはこのように考えることもできるでしょう。言葉よりも音楽のほうがわたしたちの心に染み入るのは、音楽のリズムがわたしたちの身体に共鳴する、あるいは共振を引き起こすからであると。「いき」は「息」であり「生き」でもあるし、ラテン語の「スピリット」も「息」がもともと

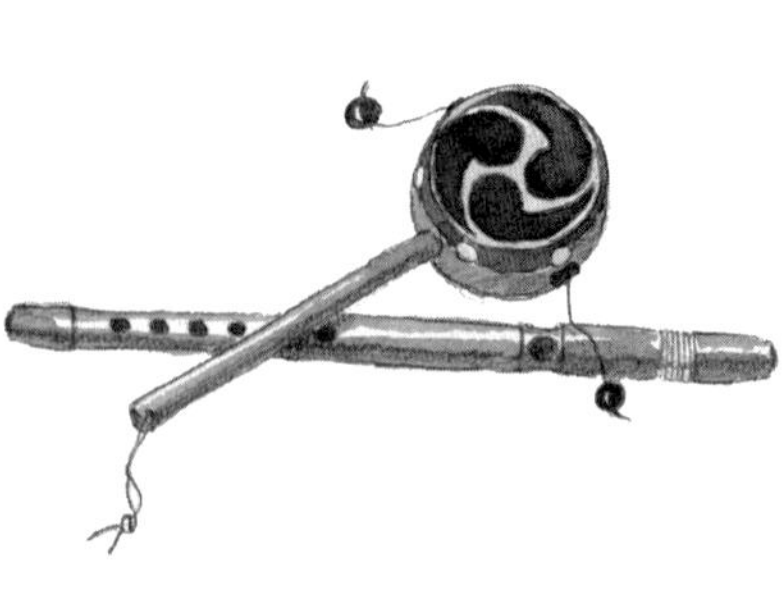

の意味でした。洋の東西を問わず、人々はかつて生命を「呼吸」と考えていたのですね。天に吹く風は大地の呼吸であり、神の息吹きでもあったのでしょう。単純な旋律による人間の呼吸の音楽、つまりグレゴリオ聖歌やコーランの朗誦、読経などは声による肉体の「振え」をもたらします。生命のリズムも共振させます。単純なメロディの繰り返しは、よせては返す海のさざ波をも思わせます。わたしたちの生命の太古の故郷、海の産声を連想させる「擬似出生体験」ともいえるでしょう。

また「笛《ふえ》」は「振え」であり「震え」でもあったのです。オカリナや鳩笛の音色はわたしたちを何となく懐かしい気分にもしてくれます。耳から入ってくるというより、肌から入ってくる感じですね。あの音色は、胎児のときに聞いていたはずの母親の子宮の内部の血管を流れる血流音を思い出させるといわれます。教会のパイプオルガンの響きもまったく同じ効果を持っているのですね。宗教音楽の楽音はわたしたち人間の深層心理に与える効果を巧みに利用しているのです。

では打楽器はどうでしょう。打楽器の音は心臓の鼓動の象徴でもあるのです。聖母マリア像をご覧になったことがありますか？　マリアはわが子イエスをどちら側に抱いていたでしょう。左の胸でしたね。子供は母親の心臓の鼓動を肌で感じてやすらぎを得るのです。「でんでん太鼓にしょうの笛」は、まさに子供にふさわしいおもちゃなのです。胎生六ヶ月以降の胎児は母胎の心音を聞いています。たとえ大人になっても潜在意識の底辺には子宮の中で聞いていた心拍音が原体験として残っています。それはリズムの原点でもあるのでしょう。人という生命体にはリズムが満ちています。心臓の鼓動、脈拍、呼吸、新陳代謝ですね。同じように宇宙という生命体にもリズムがあふれています。朝に日が上り、夕に日が沈む。春夏秋冬の四季の繰り返し。太鼓や木魚などの打楽器のかもし出すリズムは人のリズムと宇宙のリズムを響き合わせ、まさにわたしたちを「鼓舞」するのです。

さていかがでしょう。宗教と音楽の深いつながりがおわかりいただけたのではないでしょうか。また一口に宗教音楽といってもさまざまな種類があることも理解していただけると思います。法要やミサなどで参会者全員が歌ったり唱えたりするもの、すなわちみんなで法悦をわかちあうもの。あるいは演奏や勤行で聞く側と聞かせる側にわかれるもの。むしろ普化宗の尺八などは他人に聞かせるためのものではなく、自己の修行としてひたすら自分自身の精神世界、禅の境地を深めるための音楽なのかもしれませんね。京都市東山の明暗寺ではCDを自主製作しています。お聞きになれば幽玄な禅のひびきに身をゆだねることができるでしょう。

仏に醒める、神に酔う

日本人は自然を愛します。それが日本庭園発祥の原点といってもよいでしょう。つまり、自分の周囲を自然の風景を美しく凝縮させたもので充実させようとしたのです。

築山泉水庭《つきやませんすいてい》と呼ばれる、主に平安貴族の邸内に設けられた庭園がその典型ですね。

しかし、日本庭園はやがて仏教の影響を受けてさらなる変遷を見せていくことになります。

まず、浄土教の思想によって「現世の浄土」を理想的に表現しようと試みた浄土式庭園が登場します。宇治の平等院、平泉の毛越寺などに残されている名庭がよく知られていますね。

このように、日本において宇宙の模型から宗教の造型へと庭園が変貌を遂げた一つの結節点が、禅の庭です。

いわゆる仏教芸術と禅の芸術は完全に一線を画しています。仏像や仏画、一般の仏教寺院の堂塔伽藍は、仏の世界を具現化するのが主な目的でしょう。

しかし、禅の造型理念は違います。禅宗寺院は礼拝の場ではなく、修行の場です。禅画は仏画と異なり、禅者の信仰告白の表現であり、さらには自らの精神修養の手段でもあります。

たとえば奈良の大仏さまに向かって手を合わせることには何の抵抗もないでしょうが、雪舟の水墨画を合掌礼拝する人はいないでしょう。

ですから、作庭も当然ながら他の仏教寺院の庭園とは基本的に出発点が違っているのです。言ってみれば禅寺の庭は、修禅のための環境を造型しているのです。だから回遊式庭園のようにゆっくりと内部を散策することなどは想定されてないのですね。「仮山水」から「枯山水」へと、使われる漢字が変化したのも象徴的な出来事なのです。

龍安寺や大仙院の石庭は、仮の山水ではなく、山水が枯れ果てた状態を表現しているのでしょう。

築山泉水庭に必ずあった樹木も池も、禅の庭では不要な存在にすぎません。大地の毛髪であった木々は彼方に押しやられ、皮膚であった草や苔もとりのぞかれます。

自然の血液である水も無くなって、最後に残されるのは宇宙の骨格標本である石と砂だけです。

ですから石庭が表現するのは、まさに宇宙の抽象化の極致ということになります。

そして、石庭は宇宙の秩序に個人が対峙する機会をもっとも適切な手段で提供してくれているのです。

しかし、それはあくまで禅者が禅の庭園を見るというスタイルなのかもしれません。たとえば龍安寺の石庭をヨーロッパから来たキリスト教の神父が見ると、そこに砂漠が現われるのだそうです。

砂漠はキリスト教の故郷です。ちなみに仏教の故郷はインド亜熱帯の密林です。さらに禅の故郷はモンスーン気候の温帯地域でしょう。

砂漠は徹底した二元論の世界です。広闊な空に無限の大地、灼熱の日中に冷気の漂う夜。まさに神と人間が一対一で向き合う世界なのでしょう。

あるいは、砂の海を渡るキャラバンの小舟、ラクダが死んだらどうなるでしょうか。照りつける太陽の光にさらされてたちまち骨と皮だけになり、やがてはそれさえも吹き渡る砂嵐に舞い飛ばされてしまいます。生き物は死ねばそれで終わりなのです。

しかし、亜熱帯の密林では世界観はまったく異なります。大木が枯れて倒れればそこからキノコが生まれ、まさに生命は再生するということを人間に教えてくれます。

そうです。生命は生まれ変わるという輪廻の発想は、砂漠で生活している人間には思いつかないものなのです。まさに、生命が循環する密林で暮らす仏教徒ならではの発想が輪廻です。

そして、モンスーン地帯に暮らす禅者はそれを自分たちにとってあたかも四季の変化のように、現世の移ろいから来世への変転を、きわめて現実的に消化して受け入れたのでしょう。

しかし、禅院に茶室が作られるようになると、そこにキリスト教と禅の不思議な邂逅があったのをご存知でしょうか。

「一椀から飲めとおおせ候」という濃茶の作法は、利休居士が最初に始めたそうですね。それが、キリスト教のミサにヒントを得たものであるというのは有名な話です。

カソリック教会のミサでは、キリストの血であるワインをカリスと呼ばれる杯に入れて順番に飲んでいきます。

その際に容器を拭く作法が、袱紗のさばき方とよく似ているということもよく知られています。

本来、「喫茶去」という禅語は、「お茶を飲んで目を醒まして来い」ということばでした。「目を醒ます」というのは、本当の自分、本来の自己に目覚めよ、という意味です。

それが、ワインを飲むというキリスト教のミサとつながりがあるというのは大変面白いことですね。

なぜなら、キリスト教はワインという象徴的な飲み物を飲んで、神の愛に酔う教えであると言えるからです。

つまり、禅者は茶を飲んで自己に目覚めようとするが、キリスト教徒はワインを飲んで神に酔う。それがちょうど、二つの宗教の違いを説明する例えになるからです。

その全く異なった二つの宗教の象徴的な儀式が、枯山水の石庭という砂漠にキャラバンサライのように建つ茶室の中で、今も出会いを続けているというのも興味深いことだと思うのですが、いかがでしょうか。

豆腐と無我

豆腐ほど好くできた漢《おとこ》はあるまい。彼は打ち見たところ四角四面の仏頂面をしているけれども決してカンカン頭の木念仁ではない。軟らかさの点では申し分がない。しかも身を崩さぬだけのしまりは持っている。

煮ても焼いても食えぬ奴という言葉とは反対に、煮てもよろしく、焼いてもよろしく、汁にしても、あんをかけても、又沸きたぎる油で揚げても、寒天の空に凍らしても、それぞれの味を出すのだから面白い。

豆腐ほど相手を嫌わぬものはない。チリの鍋に入っては鯛と同座して恥じないし、スキヤキの鍋に入っては鶏と相交わって相和する。ノッペイ汁としては、大根や芋と好き友人であり、さらにオデンにおいては蒟蒻《こんにゃく》、竹輪《ちくわ》と協調をたもつ。されば正月の重詰の中にも顔を出すし、仏事のお皿にも一役を承らずには居ない。

彼は実に融通がきく、自然に凡てに順応する。けだし、彼が偏執的なる小我を持たずして、いわば無我の境地に到り得ているからである。

> 禅に「応無所住而生其心《まさにじゅうするところなくしてしかもそのこころをしょうず》」という。これが自分の境地だと腰を据えておさまる心がなくして、与えられたる処に従って生き、しかあるがままの時に即して振舞う。この自然にして自由なるものの姿。これが豆腐なのである。
>
> 豆腐こそ悟りきった達人の面影がある。禅の修行に炉鞴《ろはい》に入り鉗鎚《かんつい》を受くと言うが、彼こそ重い石臼の下をくぐり、こまかい袋の目を濾して、さんざん苦労してきたのである。
>
> われわれなぞ彼にくらべては到底及びもつかぬものだ……とわたしは、きょうの夕飯の湯豆腐の鍋の前で、しみじみと彼を愛し、又彼に教えられるのである。是こそ何の味付けもしない、彼が「本来の面目」そのままの湯豆腐を箸にして。

この荻原井泉水《おぎわらせいせんすい》（一八八四～一九七六）の名随筆「豆腐」はよく知られています。もしかすると、作品は聞いたことはあるが、作者は知らなかったという方もいるかもしれませんね。

自由律俳句の俳人であった井泉水は、種田山頭火《たねださんとうか》（一八八二～一九四〇）や尾崎放哉《おざきほうさい》（一八八五～一九二六）の師にあたります。

ちなみに井泉水というのは俳号で、本名は幾太郎。同じく山頭火も俳号ですが、これらは漢字三文字で干《え》支《と》を表わす呼び名で「納音《なっちん》」といいます。

ただし、井泉水は正しく彼の生まれ年の納音ですが、山頭火はその響きの良さが気に入って、あえて違う年のものを自分の俳号にしたのだそうです。

そういえば、亡くなった高倉健さんの遺作となった映画「あなたへ」でも山頭火の作品が一つのモチーフになっていましたね。

このみちや　いくたりゆきし　われはけふゆく

このように有名な弟子に比べて知名度に劣る井泉水ですが、健筆で知られ、膨大な著作を残しています。あまりに多すぎて著作集として発刊するのに収まらず、いまだに未刊行だそうですから恐れ入りますね。

この「豆腐」は『層雲』という俳句雑誌の巻頭エッセイとして発表されたものだそうで、彼は坐禅に親しむとともに豆腐が好物だったらしく、他にも豆腐に因んだエッセイが幾つかあるようです。

『人生は長し』（一九六一、実業之日本社）にはやはり「豆腐」という短い随筆があって、豆腐を茶道の「和敬清寂」の精神

を説く喩えとして用いていますね。

ところで、豆腐が一体いつごろできたのかは定かではありません。おそらくは八~九世紀の唐代中頃に中国で発明されたものだという説が有力のようです（小泉武夫『食と日本人の知恵』〈二〇〇二、岩波書店〉）。

さらに日本には平安期に伝わり、それ以降は日本人に愛される食材の一つになったことは疑いもありませんね。

江戸時代、天明年間には『豆腐百珍』という多種多様な料理法を紹介するマニュアル本まで出版されました。

井泉水はその豆腐を例えに使って巧みに無我の境地を説いているわけですが、実はこれはいかにも日本人的な発想であると言えるでしょう。

なぜならば、もともと「無我」とは「諸法無我」であり、仏教の故郷インドでは「いかなる存在も不変の本質を有しない」という釈尊の教えを示すことばでした。

しかし、仏教が中国を経由して日本に伝えられてからは、そのような抽象的な教えは私たちの先祖にはなじまなかったようです。

それよりも、むしろ一人ひとりが人生を生きていく上での実践的な智慧として、井泉水の語るような「無我」が支持されるようになったのでしょうね。

ですからこれは、本来の「無我」というよりは、人間の生き方としての「無私」と呼んだほうがよいのかもしれません。

ただ、それは良い、悪いという問題ではありません。現実には日本ではそういう形で、はじめて仏教の教えが根付くことができたということなのでしょう。

ちなみに京都の嵯峨には安政年間創業の「森嘉《もりか》」という有名な豆腐屋さんがあります。お客さんの中には東京から飛行機に乗って買いに来るというファンもいるそうですね。

この店の先々代のご主人は、天龍寺の管長であった関精拙老師の信者さんでした。毎日毎日、でき上がった豆腐を持参して精拙老師に品評してもらい、一所懸命に味を工夫したそうです。

そのおかげもあってか、現在のおいしい豆腐や名物の飛龍頭《ひりょうず》が生み出されたのかもしれません。その「森嘉」には、精拙老師が豆腐の味を褒めて書いて与えた一軸が家宝として秘蔵されています。

世の中は　豆で四角でやわらかで　豆富のような人になれ　人

掛け軸には、このように書かれてあるそうです。どうやら豆腐は無我の教えを隠し味にして、私たちの人生に一味添えてくれるような滋養にあふれた食べ物なのかもしれませんね。

こんにゃく問答を味わう

前回、豆腐を題材にして禅の話をさせていただきました。今回は、こんにゃくです。食い意地の張った奴だとお思いでしょうが、どうかお許しくださいますよう。

落語のネタで知られる「こんにゃく問答」は、二代目林家正蔵が作者だとされているようです。この師匠はもともと曹洞宗のお坊さんだったと言われていますが、それも納得できるような筋立てになっていますね。

というのは、同じく禅宗といっても臨済宗と曹洞宗で行なわれている禅問答のスタイルがずいぶんと対照的だからです。

私たち臨済宗の場合は大きな晋山式（住職就任披露）などで公開形式でも行なわれますが、むしろ「入室参禅」といってその問答は主に師匠と弟子の二人だけの間で密やかに行なわれるのが主流です。

一方、曹洞宗では入寺とか法要などの儀式で交わされて、どちらかというと見物客を意識したセレモニアルなものなのですね。

この落語のストーリーはもう皆さんおなじみでしょう。こんにゃく屋のオヤジ六兵衛が珍妙なやりとりによって行脚の修行僧托善を撃退してしまうという愉快なお話です。

実のところは六兵衛の見当はずれの応対を、托善のほうが勝手に深読みして一人で恐れ入っていただけだったというのがオチになっていますね。

この落語がもともと古い昔ばなしを原型としていて、それがさらに中国の笑い話に起源を持つことはすでに指摘されています（小川隆『臨済録』、岩波書店、二〇〇八年）。

『中国の笑話―笑海叢珠・笑苑千金』（筑摩書房、一九六六年）にはこのような一節があります。

和尚が賞金を出して唖禅（だんまり問答）の相手をつのると、肉屋がこれに応じる。和尚が指一本だすと肉屋が二本出す。和尚が三本出すと肉屋が五本出す。和尚が頭をうなずいてみせると肉屋は和尚を指さしてからまた自分を指さす……。和尚は感服して賞金をわたす。和尚が一本の指を出して一仏世に出ずというと、肉屋は二本の指を出して二菩薩涅槃に来たるという。和尚が三本の指を出して仏法僧を三宝となすというと、肉屋は五本の指を出して達磨が流儀を伝えて五代という。和尚うなずいて来意を知るといえば、肉屋彼我を指さして人無く我無しという……。そこで和尚が感服したのであったが、肉屋のほうでは和尚が指一本出してお寺に豚が一匹いるから売るというので、指二本出して二百文でどうだという。和尚が指三本出して、では三匹売るというからこちら指五本出して三匹なら五百文だといったら和尚がうなずいたので、こちらもおたがいに満足だといってやったのだという。

これは、明代の戯曲作家、李開先の文集（『李開先全集』上海古籍出版社、二〇一四年）に収める「打唖禅院本」という作品を要約したものだそうです。李開先という人は「一触即発」という四字熟語を作ったことで知られています。

さて、いかがでしょう。まさにそっくりですね。異なっているのは、もともと中国では豚肉がモチーフであったのが、日本に伝わってこんにゃくに変えられたというあたりでしょうか。

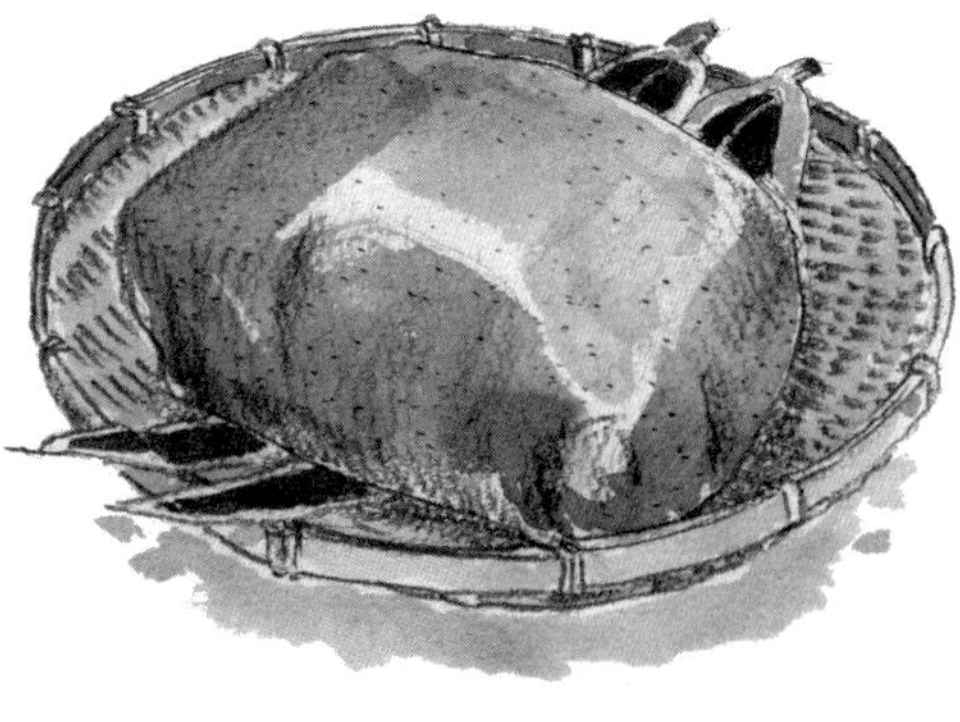

しかし、こういう話が笑い話として広く一般の人々に受け入れられていたということは、中国でも日本でも禅問答というものはいかにも珍妙な詭弁を弄する不可解なやりとりだという印象が、すでに庶民の間に共有されていたことを物語っているのではないでしょうか。

およそパロディとは、もとのものが知られていなければ戯画化や皮肉ったものが可笑しく感じられるはずがありませんからね。

考えてみれば、食材が豚肉からこんにゃくに変わったというのも興味深いところです。ちなみにこんにゃくは英語で、「デヴィルズタン」（悪魔の舌）と呼ばれています。たしかに不気味なプニプニ感と独特の色を見たら、そう呼びたくなるのもわかるような気もします。

またご承知のごとく豆腐と違って、こんにゃくには栄養価というものはほとんどありません。強いていうならば「砂下ろし」、まさに「無功徳」（武帝が寺を建て僧に供養したらどういう功徳があるかと尋ねたら、功徳など何もないと達磨大師が答えたという逸話）に徹している食材といってもよいでしょう。

ところで、およそ禅問答には禅者の言葉に対する不信感が色濃く反映されています。ちなみに新約聖書学の第一人者である八木誠一先生もおっしゃっていました。宗教に於いて言葉とは、首を吊る際の踏み台のようなものだと。

輪にしたロープに首を入れるためには、踏み台に上らなければならない。しかし、踏み台に上がったままでいたのでは、輪が締まらないので死ねない。つまり、ないと困るが、あっても困る。やはりキリスト教でも禅宗でも同様で、言葉というのは宗教にとっては扱いにくい代物なのかもしれません。

さらには禅問答とは本来、言葉を用いて行なう対話ではないのです。対話とはダイアログですね。ダイアは「二つの」で、ログは「ロゴス」すなわち「論理」でしょう。

両者がお互いに言葉を用いて自らの論理を延々と展開しあうものですから、たとえて言うならば、剣道の試合で面を狙う、籠手を打つ、と竹刀の打ち合いを繰り広げるようなものです。

それに対して禅問答は、居合術です。一刀のうちに勝負が決まるのです。むしろ刀を抜く前から勝負は決まっているといってもよいでしょう。

プラトンは「対話篇」で、対話の達人とは互いの言葉と言葉がぶつかったときに飛び散る火花をつかまえられる人だと言ったそうですが、禅問答はまったく異なります。

問答を通じて何かを得るなどということは決してありません。そうではなくて、捨てるのです。

実はそのあたりも禅問答をパロディにするには、寺では精進料理だからというだけでなく、私たちのお腹をきれいに掃除してくれるこんにゃくがふさわしかったのかもしれませんね。

雷鳥と漱石

先日、寺庭婦人《じてい》の研修会で講話をさせていただきました。いきなり「寺庭」と言われても、読者の方々には意味不明の言葉かもしれませんね。

「家庭」に対して「寺庭」、つまり寺院の住職夫人をこのように呼んでいるのです。

私どもの禅宗の場合、建前としては出家主義を採っていますので、お寺の奥さんの立場は些か微妙なものがあります。

これが浄土真宗のお立場ですと、最初から非僧非俗で「肉食妻帯」を認めていますから、「坊主」に対して「坊守《ぼうもり》」という住職夫人の位置づけが確立されているのです。

以前、ある本山で同じく寺庭さんの研修があった時、講師の先生が尋ねたそうです。「皆さん、目を閉じて下を向いてください。さて、この中でご自分の娘さんを、居なければもし居たとしましょう。お寺に嫁がせようと思う方はおられますか？」

三十人ほどの出席者が誰一人として手を挙げなかったというエピソードがありますね。

現実に住職夫人に期待されているのは、住職を補佐し、後継者を生み育てることでしょう。

お寺と檀家さんの付き合いは和尚の奥さん次第などと言われながら、その立場は極めて曖昧かつ不安定なものでもあるのです。

しかし、今後もそのような状態が続くということはありえないでしょう。現実にお寺のあり方は大きく変化していますし、それに伴って寺庭婦人のあり方も考え直されねばなりません。

特に仏縁あって禅寺で生涯を過ごすわけですから、禅の宗旨にどれだけ主体的に関わっているかが問われるでしょう。

つまり、あくまで一人の女性として、禅の境地がどのように陶冶されているか。仏教の教えを説く世界に身を置く者として、自分自身が救われているのか。

伝統的に仏教教団は男性優位であり、フェミニズムの立場からは非難の対象とされています。親鸞聖人や道元禅師といった鎌倉仏教の開祖方であっても、女性の成仏こそ認めていますが、基本的に従来の「変成男子《へんじょうなんし》」（女性の成仏は難しく、いったん男子になることで成仏できる）説に従っておられます。

ただし、禅の実践という立場から見れば、深い境地に達した女性はもちろん存在します。

先日の寺庭婦人研修会ではそのような女性の一人、平塚雷鳥《ひらつからいちょう》（一八八六〜一九七一）について紹介させていただきました。

ご存知の如く、平塚雷鳥女史は戦前から女性解放運動家として、さらに戦後は反戦・平和運動家として活躍されました。

「元始、女性は太陽であった」という女史の高らかな宣言文はよく知られていますね。その生涯を通じての様々な活動の根底に流れていたのが、若い頃に修めた禅のこころであったことをご存知でしょうか。

そもそも女史は日本女子大学に在学中に、友人から借りて読んだ今北洪川《いまきたこうせん》老師の『禅海一瀾《ぜんかいいちらん》』に啓発されて坐禅を始めるようになったようです。

『平塚らいてう著作集』全八巻（大月書店）には、ご自身の参禅修行の様子、また坐禅によってどのように自分自身が変貌を遂げたかなどを述べたエッセイが多く収められています。

その人がどのくらい禅の世界に到達しているかは、坐っている姿を見ればわかると言う人もいれば、歩かせてみればわかると言う人もいます。

女史の場合は書かれたものから判断するしかないのですが、その真摯な修行ぶりや、鎌倉の坐禅会で「見性《けんしょう》」（本来の仏性を徹見する）を許された前後の心境の告白などを拝見すると、なかなかに手強い心境に到ったことが伺えます。

ただし、ご自身も若い頃はずいぶんと無茶なこともやりましたと述べているように、なかなかに活発なお嬢さんでもあったようです。

参禅修行中の逸話なども虚実交えていろいろと伝えられていますが、やはり「塩原事件」がもっとも知られているでしょう。

二十二歳の時に、若手作家であった森田草平と塩原山中で心中未遂事件を起こすというものです。

良家の子女にあるまじき行為というので、ずいぶんと非難されたようですが、その際に弟子である森田草平を弁護して女史を非難したのが、夏目漱石でした。

実はこの二人、禅を通じて共通点があります。どちらも鎌倉円覚寺に参禅して、同じく「父母未生《ぶもみしょう》以前《いぜん》本来面目《ほんらいのめんぼく》」（両親があなたを生んでくれる以前の本当のあなたとは？）という公案（禅の問題）を与えられているのですね。

ただし、漱石の参禅は明治二十七年の暮れから翌年の正月にかけての十日間ほどにしか過ぎません。

生涯を通じて禅に憧憬のような感情を持ち続けた漱石でしたが、作品である『門』にも書かれているように、実際には禅の入り口に立ったに過ぎないのです。

しかし、雷鳥女史は違います。二人とも歴史に名を残した偉人

ですが、禅に限ってみれば漱石は女史の足もとにも及びません。

何が違うのか。漱石がいたずらに禅の本を読み漁ったのに対して、女史はひたすらに坐禅に徹底したのです。

漱石が晩年に到ったという「則天去私《そくてんきょし》」の境地がどのようなものかは不明ですが、平塚雷鳥女史は後年に「修禅について」というエッセイ（『著作集』第五巻所収）でこのように述べています。

「若い時にやった修禅を思うとき、他の同窓たちが勉学に専念する貴重な時日をただ黙々と打坐に消費したことが、その当時周囲の誰かれから笑われたほどそう馬鹿げた真似でなかったばかりか、少しばかりの知識の獲得よりも、はるかに私の生涯にとっては有意義であったことを省みて、感謝せずにはいられません」。

禅を理解しようとした人と禅を実践しようとした人の違いは、人生の最後を迎えるころに現われるのでしょうね。

切腹

千利休（一五二二〜一五九一）は堺の商人である田中与兵衛の子、与四郎として生まれました。家名の「千」は足利義政・義尚に同朋として仕えた祖父の田中千阿弥《たなかせんなみ》に由来するそうです。

武野紹鷗《たけのじょうおう》などに茶の湯を学び、織田信長や豊臣秀吉の茶頭として多くの茶会を主宰しましたが、秀吉が開いた禁裏茶会で正親町《おおぎまち》天皇に茶を献じた際に「利休」という号を賜ったのですね。

しかし、ご承知のとおり、大徳寺の山門に掲げた自らの木像が不敬にあたるとされて秀吉から追放処分を受け、切腹による最後を遂げました。

よくわからないのですが、なぜ武士でもない利休が切腹という処分を受けたのでしょう。秀吉から知行三千石を与えられて町人から士分に取り立てられていたからという説もあるようですが、どうも納得がいきませんね。

また、武士だからといって必ずしもすべての武士が切腹していたわけではないのです。切腹をしたのは主に源氏の侍だというのが定説です。

『平家物語』に描かれている平家一門の末路はご存知でしょう。平家の公達《きんだち》は「浪《なみ》の下にも都《みやこ》の候《さぶらふ》ぞ」ということで、最後は錨を体に縛りつけて入水しています。

おそらくは、東国を勢力範囲にしていた源氏は狩猟放牧文化圏の出身であり、西国の農耕文化圏にいた平家よりも動物の解体などに慣れていたのがその理由ではないかと考えられているようですね。

もっともすでに中国にそのルーツらしきものはあるそうです。「剖腹《ぼうふく》」と呼ばれて、生け贄《いにえ》の動物の内臓占いをしていた風習が原点であると主張する研究者もいるようです。

よく外国人に「ハラキリ」と呼ばれて奇異に思われているように、致命的となる首ではなく腹を切って見せるというのは考えてみれば象徴的な儀式でもあるのです。

実は日本語には「腹が立つ」「腹を割って話す」「腹をくくる」「腹を探る」「腹黒い」「腹に据えかねる」などのように、腹は単なる身体の一部ではなく感情や意志の原点であるとする表現がたくさん存在するのですね。

言うまでもなく、坐禅でも腹は重要なポイントです。坐禅とは調えるということです。体を調え、呼吸を調え、そして心を調えるのですね。

呼吸を調えるということは、肺や横隔膜を用いて浅く短い呼吸をするのでなく、下腹からゆっくりと腹式呼吸をすることです。

その下腹の部分を東洋では「丹田《たんでん》」と呼んだのですね。「丹田」の「丹」は丹頂鶴の丹ですから、赤いということ。人間の血や肉の色をいうのでしょう。「田」は水田ですからお米が収穫されるところ、いわばエネルギーの源です。

つまり「丹田」とは人体のエネルギーの源である大切な場所という意味になります。そこが坐禅の呼吸の原点でもあるのですが、伝統的に人間の精神の居場所とも考えられたのでしょう。だから、そこを自ら切って開いて本心を示すというのが一つの自死のあり方として、「切腹」というような特異な形式美に昇華されていったのでしょうね。

さて自死あるいは自殺というのは、現代日本でもそのような最後を選ぶ人の数が欧米に比べると断然多いそうです。今でも年間に約三万人の人たちが自ら命を絶っているのですね。

ちなみに仏教のお坊さんは自殺した人のお葬式も執り行ないますが、キリスト教の神父さんや牧師さんは教会の信者さんが自殺した場合、追悼のミサを行ないません。

行なわないというより、行なえないのですね。なぜなら自殺したキリスト教徒は教えに背いて罪を犯したことになるからです。

だから利休と同じ時代を生きたキリシタン大名の小西行長は、関ヶ原の戦いに敗れた後、切腹を拒否して斬首されていますね。

そのあたりの理由を簡単に言いますと、キリスト教の考え方では天地万物は人間を含めて創造主である神が創られたものとなります。ですから被造物である人間が、造られたものの分際でせっかく頂いた命を自分で勝手に終わらせてしまうというのは、神の愛に背くこと、すなわち罪を犯したことになるのですね。

では仏教は自殺を認めるかというと、それはそうではありません。仏教には不殺生戒《ふせっしょうかい》といって、生き物の生命をむやみに奪ってはいけないという教えがあります。

もちろん自殺というのは自分で自分の命を奪うことですから、当然許されるものではありません。しかし、それは罪ではないのです。

よく「戒律」といいますが、実は「戒」と「律」はまったく別のものなのです。現代日本語にあてはめるなら「戒」は道徳で、「律」は法律に当たります。

法律を犯せば罰則がありますが、反道徳的な行為をしても顰蹙《ひんしゅく》を買いこそすれ、罰せられるということはありませんね。だから仏教では「戒」を犯せば、その人はそれだけ仏の世界から遠ざかってしまいますよと戒められるのです。

そのような宗教観の相違もあって、お坊さんと神父さんや牧師さんの自殺への対応が異なっているのでしょうか。

またキリスト教文化圏に生まれた人たちが最後の一線を越える瞬間に日本人と違って踏みとどまるとするなら、心のどこかにそのような罪の意識が自然に湧いてくるのかもしれませんね。

以前に茶道の作法とキリスト教の儀式に大変よく似ているところがあると申し上げました。

ただし利休が切腹したということが、両者が似ているといっても利休自身は決してキリシタンではなかったという説の有力な根拠になっているそうです。皮肉といえば皮肉な話ですね。

猫によせて

日本の臨済宗中興の祖といわれるのが白隠禅師（一六八五～一七六八）ですね。江戸時代中期に活躍した禅師の功績はさまざまに讃えられますが、やはり立派なお弟子さんをたくさん育てたということが一番でしょう。

そのような白隠禅師の優れた後継者の一人に、良哉元明《りょうさいげんみょう》（一七〇六～一七八六）というお坊さんがいます。

良哉禅師は尾張の生まれで、はじめ日向《ひゅうが》の古月《こげつ》禅師の下で禅の修行に励み、さらに白隠禅師に参じて禅の奥義を極めました。

三河（現在の愛知県）の花岳寺に住職をしておられましたが、漢詩文を作るのが大変にお上手でした。

そこで、お弟子さんたちが作品をまとめ、寛政六（一七九四）年に『自笑録』とタイトルを付けて出版されています。

実はこの『自笑録』には元本があって、『良哉和尚語録』八巻として花岳寺に伝えられています。

現在、愛知県西尾市指定文化財とされているものですね。

ちなみに花岳寺というお寺は「忠臣蔵」で有名な吉良上野介一族の菩提寺で、本堂の建物は国の登録有形文化財でもあるという古刹です。

私はたまたま仏縁をいただいて、その『良哉和尚語録』の複写を頂戴することができました。そこで先に紹介した『自笑録』と読み比べてみたのですが、刊行されるときに収録されなかった作品が数多くあって、むしろそちらの方に禅師の人間味あふれるものが多いように思われました。

おそらく編集の任にあたったお弟子さんたちは、名僧の語録に相応しい格調高い詩文を中心にと考えて取捨選択されたのでしょう。

たとえば禅師は実にいろいろな動物を飼っておられたようで、それらに因む漢詩が多く詠まれています。

猫や犬が亡くなると、そのたびに哀惜の思いを詩に託しておられて、そのような作品の多さは他の禅僧の語録にはあまり見られないのではないかとさえ思われます。

ちなみに愛猫を失った際の作品の一つに以下のようなものがあります。

悼猫児

久為病羸傷我懐
西風昨夜喪生涯
翻身一路勿相錯
踏破趙州頭上鞋

久しく病羸《びょうるい》の為に我が懐《おも》いを傷ましむ
西風昨夜生涯を喪《うしな》う
翻身の一路相い錯《あやま》ること勿れ
趙州頭上の鞋を踏破せよ

（この猫は）長く病気で苦しんでいたので、私も心を痛めていた。
それが昨夜、秋風が去っていくように死んでしまった。
この世からあの世に行く道を間違えるんじゃないよ。
趙州《じょうしゅう》和尚が頭にのせた履き物を踏んで行きなさい。

大体このような意味でしょうか。ところで井波律子先生によると、猫を詠んだ漢詩は中国では北宋以降に多く見られるようになり、梅堯臣《ばいぎょうしん》や黄庭堅《こうていけん》などの詩人が多くの佳作を残しているそうです。
そのように数多ある猫の詩の中にあっても、南宋の詩人である陸游《りくゆう》のこの作品は特に有名ですね。

贈猫
裹塩迎得小狸奴
尽護山房万巻書
慚愧家貧策勲薄
寒無氈坐食無魚

塩を裹《つつ》みて迎え得たり小さき狸奴
尽く護る山房万巻の書
慚愧《ざんき》す家は貧しくして勲《くん》に策《むく》いること薄《うす》く
寒きにも氈《せん》の坐する無く食に魚無し

塩をお礼につつんで、子猫をもらった。

書斎の蔵書をネズミがかじらないように守ってくれている。

申し訳ないのは、家が貧乏なのでその手柄に報いてやれないことだ。

寒くても暖かい敷物もなく、魚も食べさせてやることができない。


人間と動物との共生感覚を基底とし、生き物への愛情にあふれている秀作と呼べるでしょう。

ところでこのような東アジアでの人間と動物との関わり方は、欧米のそれとは微妙に異なっているのをご存知でしょうか。

よく動物愛護というと、私たちはともすれば動物を人間と同じように扱い、できるだけその命を奪わないことだと思いがちです。

しかし、欧米諸国でいう動物愛護はそうではないようですね。彼らは動物を殺すこと自体はけっして残酷なことではなく、残酷なのは不必要な苦痛を与えることだと考えるそうです。

ですから日本人はペットの犬が飼えなくなると、誰かが拾ってくれるだろうと期待してコンビニの駐車場などに繋いで捨てたりします。

しかし、欧米ではペットの犬を野良犬にすることくらい残酷なことはないので、それくらいならむしろ安楽死させるそうです。

鯖田豊之《さばたとよゆき》氏の『肉食の思想』（中公新書、一九八一年）には、そのような欧米に於ける人間と動物との関係がさまざまな視座から詳細に述べられています。

そして、その欧米に於ける人間と動物との断絶、つまり人間と動物のあいだにはっきりと一線を画して、人間はあらゆる生き物の上位にいる監督者であると考えるのは、キリスト教の影響であろうと結論付けています。

たしかに旧約聖書などには人間と動物が対話するような場面はほとんど出てきません。それに対して、日本の神話ではごく自然に大国主命《おおくにぬしのみこと》と白ウサギが言葉を交わしていますね。だから、人間が動物に生まれ変わるような「輪廻」の思想なども欧米には存在しようがないのでしょう。

でも私たちには、陸游や良哉禅師が猫に対して抱く愛情というのは、ごく自然に共感できますね。それが東アジア独自の価値観であり、大切に守られるべきでしょう。

いいえ、人間の為に自然や動物を利用して当然という西洋的な価値観が全盛である現代こそ、再び顧みられる必要があるのかもしれません。

さて、同じ猫によせる漢詩でも、詩人としての陸游のそれと禅僧である良哉禅師のものとは少し趣が異なっています。

良哉禅師の作品は、やはり禅僧ならではの漢詩です。そこには当然ながら禅の宗旨が詠い込まれているのです。

実は結句の趙州和尚の履き物というのは、禅問答のテキスト『無門関』の第十四則として収められている「南泉斬猫《なんせんざんびょう》」という問答を踏まえています。

では、なぜここでそんな問答を引き合いに出したのでしょう。このあたりはぜひとも菩提寺のご住職にお尋ねしてみるとよいでしょうね。

日本人の微笑

京都あるいは奈良に旅をする楽しみの一つは、お寺巡りということになるでしょう。そこでは文化財クラスの仏像から、名も無いお地蔵様までたくさんの仏様に会うこともできます。ところで仏像といえば、お気づきになったことはありませんか？　一口に仏像といってもじつにさまざまな表情をしておられるということです。

たとえば国宝第一号に指定された太秦広隆寺の弥勒菩薩半跏思惟像。よく知られるように口元には「永遠の微笑」を浮かべておられます。ちなみに仏像に見られる微笑は、仏教の慈悲の教えと、それを表現する彫刻との結合から生まれたとされています。

ただし、あの微笑自体は必ずしも仏教美術のオリジナルというわけではありません。その源は、はるか古代ギリシャにまでさかのぼります。

ギリシャ芸術といえばやはり彫刻を思い出されるでしょう。地中海の太陽の強すぎる光線の下では、色はゆがんでしまいます。ですから絵画よりも白い大理石に陰影を浮かび上がらせる彫刻が発展したと考えられています。

それらのギリシャの彫像の口元に浮かんでいたのが、アルカイック・スマイルと呼ばれる独特の微笑なのですね。

紀元前七世紀から六世紀にかけて現われたとされるアルカイック・スマイルはギリシャからインドへ、さらにシルクロードを経由して東アジアに伝わります。

そして中国で製作された仏像の微笑は、北魏時代の五世紀頃に多く見られるようになりますが、七世紀にかけての隋から唐の時代にはその表情がしだいに変化していったようです。

つまり、それ以降の時代に作られた仏像は微笑《ほほえ》んではいなくて、むしろ口元をぐっと結んで威厳を示そうとするものが多いのだそうです。

さて微笑といえば、禅の始まりは他ならぬその微笑であったということをご存知でしょうか。むかしお釈迦さまが霊鷲山というところで、いつものように集まってきたお弟子さんたちに説法をされようとしました。

ところがその日に限って何も言われず、ただ一本の花をみなさんの前にさしだされたというのです。お弟子さんたちは誰もみなお釈迦さまのお考えがわからずに黙ったままでした。

ただ一人、迦葉尊者という方だけがにっこり微笑まれたのだそうです。それをごらんになったお釈迦さまは、私の教えはまさしく迦葉に伝わったとおっしゃられたというお話ですね。では迦葉尊者はどうして花を見て笑ったのでしょう？

あるいは迦葉尊者が笑わなかったとしたら?

禅は笑いの宗教であるといってもよいでしょう。有名な寒山拾得図《かんざんじっとくず》や虎渓三笑《こけいさんしょう》に見られるような笑いも含めて、禅の世界にはさまざまな笑いがあふれでいます。それはもしかすると、私たち日本人の微笑にも影響を与えているのかもしれません。

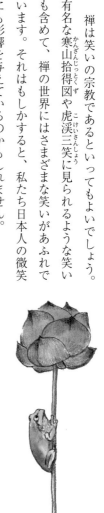

日本人の微笑は世界的に知られています。国際会議などの場でよく言われるのが、「日本人の三つのS」です。つまりそのような場所では、日本人は黙っているか(Silence)、寝ているか(Sleep)、微笑んでいる(Smile)のだそうです。

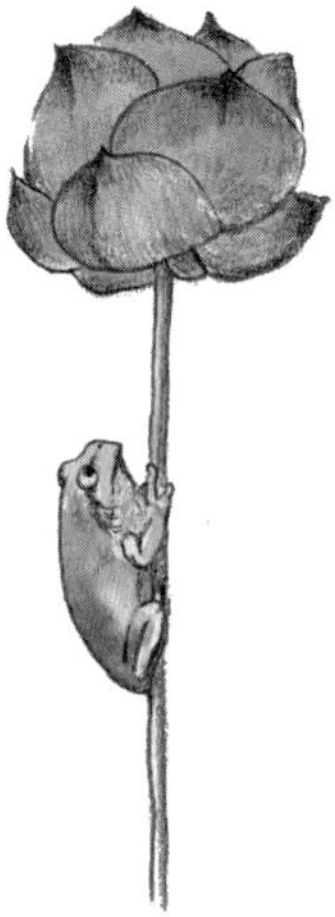

海外旅行で外国の街角ですれちがう日本人、とくにご婦人方は笑みを浮かべている人が多いような気もしますね。その日本人の微笑に西洋人として始めて注目したのが、ラフカディオ・ハーン、すなわち小泉八雲でした。一八九三年五月に発表された「日本人の微笑」という随筆でハーンは、日本人の微笑は美徳であると称えています。

或京都の一夜の事が幻のやうに浮かんで來る。名は思出せないか、どこか不思議に人ごみのする、明るい通りを通つて居る間に、私は大層小さいお寺の入口の前の地藏を見にわきへ曲つた。その像は美はしいお寺の雛僧の形であつた、そしてその微笑は神々しい寫實の物であつた。私は眺めながら立つて居ると、多分十歳程の幼い少年が私のわきへ走りよつて、その像の前に小さい手を合せ、頭を下げてしばらく默禱した。幾人かの朋友から離れて來たばかりで遊びの樂しさ面白さが未だ顔に殘つてゐた、その無意識の微笑は石の雛僧の微笑と不思議に似て居るので、その小兒は地藏と双生兒のやうに見えた。そこで私は考へた、『唐金や石の微笑はただの寫生ではない、それによつて佛師の象徴して居るものはこの種族の微笑であるに相違ない』

それは昔の事であつた、しかしその當時浮んだ考は今もやはり私には本當と思はれる。佛教美術の源は如何に日本の土地に親しみがなくとも、それでも日本人の微笑は菩薩の微笑と同じ思想、卽ち、自己抑制と自己征服から生ずる幸福を表はして居る。

そして日本人の笑顔をさまざまに分析しながら、すでに百年前にこう予言しています。

日本の青年は今軽蔑の風を示して居るその過去に對して、日本はいつか必ず回顧する事、丁度私共自身が古いギリシアの文明を回顧するやうであらう。簡易な樂しみに對する才能の忘れられた事、人生の純な喜びに對する感性のなくなつた事、自然との古い愛すべき聖い親密な交際、それを反映して居る今はない驚くべき藝術、を惜むやうになるであらう。その當時世界が如何に遙かにもつと輝いて美しく見えたかを想ひ出すであらう。古風な忍耐と、犠牲、古い禮讓、古い信仰の深い人間の詩、――日本は悔むべき物が澤山あらう。

美しい日本を世界に向けて紹介し、後世に誠実な記録を残してくれた小泉八雲。彼は少年時代の怪我が原因で左目を失明していたそうです。

さて、いかがでしょう。彼の一隻眼《いっせきげん》（一片方だけの目、さらに心眼、悟りの眼目という意味の禅語として用いられます）に、現代の私たちの微笑はどのように映るでしょう。テレビから吐き出されるバラエティ番組のうつろな笑いはどのように映るでしょう。

沢庵禅師が言いたかったこと

沢庵宗彭《たくあんそうほう》（一五七三〜一六四五）は、戦国末期から江戸初期、まさに中世と近世のはざまという激動の時代を生きた臨済宗の禅僧である。

かつて吉川英治の小説『宮本武蔵』の登場人物として虚実をないまぜにして描かれ、さらに作品が映画化・ＴＶドラマ化されたことによって、日本人が親しみを感じる禅僧の一人になったことは間違いないであろう。

しかし、そのために沢庵にはステレオタイプとして作り上げられた豪放磊落《ごうほうらいらく》なイメージが強く、今もなおそれが人々の脳裏に刻み込まれてしまったとも言える。

そこで、まず歴史上の人物として実際の沢庵の生涯をたどり、さらに今に伝えられる沢庵のことばの中から、現代に生きる私たちが学ぶべき教えについて考えてみたい。

沢庵は天正元（一五七三）年十二月一日に、但馬国主山名祐豊の家臣であった秋庭綱典の次男として同国出石に生まれた。同十年、十歳で当地の浄土宗唱念寺で出家、三年後には臨済宗宗鏡寺へ転じて衣を改め、希先西堂和尚に師事している。

さらに文禄三（一五九四）年、董甫宗忠禅師に従って大徳寺に入り、三玄院に身を置いて修禅に励んだ。後に慶長九（一六〇四）年には積年の参禅の功が積もって、堺南宗寺の一凍紹滴禅師の法を嗣いでいる。

同十四（一六〇九）年に三十七歳で大徳寺一五三世住持として出世するが、南宗寺再建などを経て元和六（一六二〇）年には宗鏡寺に帰山し、投淵軒という小庵を結んで隠棲の日々を過ごしている。

ところが寛永六（一六二九）年、徳川幕府による「勅許紫衣之法度」「大徳寺妙心寺等諸寺入院法度」に反対して抗弁書を提出したことを咎められて、出羽上山に配流となる。時に沢庵は五十七歳、世にいう「紫衣事件」である。

同九（一六三二）年には徳川秀忠の死による大赦を受けて江戸に帰り、さらに出石に戻るが、寛永十三（一六三六）年以降は徳川家光の嘱を受けてその側近に留まり、同十六（一六三九）年に至って新たに創建された品川東海寺住持となっている。

正保二（一六四五）年、七十三歳で遷化。遺偈を求められたので「夢」の一字を書き終わって示寂したとされる。

さて、沢庵には『沢庵和尚全集』全六巻（同刊行会、一九二八年）があり、漢文語録としての「明暗雙雙集」（同第一巻）から、養生法を日常語で平易に説いた「醫説」（同第五巻）まで、さまざまな階層の人々に向けて説かれたその幅広い著作や和歌、数多くの書簡までが網羅されている。中でも柳生宗矩《やぎゅうむねのり》（一五七一〜一六四六）に書き与えたとされる「不動智神妙録《ふどうちしんみょうろく》」（同第五巻）の次の一節などはよく知られているのではないだろうか。

不動とは、うごかずといふ文字にて候。智は智慧の智にて候。不動と申し候ても、石か木かのやうに、無性なる義理にてはなく候。向ふへも、左へも、右へも、十方八方へ、心は動き度きやうに動きながら、卒度も止らぬ心を、不動智と申し候。

相手に親しい兵法の世界に例をとって、沢庵は自由自在な本来の禅の世界を説いている。不動とは、一つの所に留まって動かないということでなく、ありとあらゆる所にあって、その故に何処にも留まらないことであると示している。

またこれは融通無碍な境地を日々の行持に生かす心得を説くことによって、剣禅一如というだけでなく、広く諸道万般に通底する禅の智慧を知らしめることばでもあろう。

そして、そのような自由な禅の境地が実際に生きた人格となって日常に働くと以下のような次第になるのであろうか。

或時人子をころしなけき候、此事ニ付面白事を承候、かへらぬ事をなけくなと中入御入候処ニ、和尚ハ何程も歎候へ、悦ハ悦、かなしミハかなしむ事、仏法之さい上にて候。

（『綿考輯録』第六巻、汲古書院、一九九〇年）

死んだ子供のことをいくら嘆いても生き返るものではあるまい、などと言うものではない。いくらでも嘆けばよい。あなたが涙を流せば流すほど、亡くなった子供がそれだけ愛されていたという供養になるではないか。うれしいときは大いに喜び、悲しいときには大いに悲しむ。それが最上の仏法であると沢庵は説いている。

このように折に触れて当意即妙に禅の端的を説き示すところに、かつて師事した春屋宗園《しゅんおくそうえん》禅師（一五二九〜一六一一）に「伶牙利舌漢《れいがりぜつのかん》（おしゃべり上手）」と呼ばれた沢庵の面目躍如たるところがあるのだろう。

ただその天賦の才覚が家光に見込まれて、心ならずもその側近として留め置かれることになったのは、はたして沢庵にとって幸福なことであったか、不幸であったかはわからない。

そもそも紫衣事件に際しても、投淵軒に退隠したまま韜晦《とうかい》の日々を送ることもできたはずなのに、なぜあえて反幕運動の先頭に立ったのであろうか。

大徳寺一五三世住持として愛山護法の念に駆られたのか。かつての石田三成との縁により、内心秘かに徳川家に敵意を抱いていたのか。あるいは徳川家康のブレーンとして権勢を振るっていた以心崇伝《いしんすうでん》（一五六九〜一六三三）に対する反発からか。

およそ沢庵は、何事であれ沈黙にことばを閉ざすということが受け入れられなかったのかもしれない。

結果として「天魔外道」（「書簡」同第四巻）とまで罵倒した以心崇伝が家康の側で果たしていた役割を、若い家光から望まれたのも皮肉といえば皮肉な話である。

そして自らが説けば説くほど、あるいは語れども語れども本意から逸れていくような焦燥感、無力感、それらが輻湊してこのような自虐的とも感じられることばに結実したとも考えられる。

紫野の仏法、今の世には用に立ち申さず候間、成り次第にして置かせらるべく由申し候へ共、止め申さず候。

（「書簡」同第四巻）

大徳寺の仏法は今の世の中に役に立たない存在であるという、この発言の真意は那辺にあるのだろうか。

それは、沢庵が説き、語って聞かせる禅の教えが人々には、倫理道徳か処世訓としてしか受け止めてもらえないことへのもどかしさではなかっただろうか。

さらに時代が流れるにつれて、近代に向けて人々はひたすら世俗化への道を突き進んだ。西洋では外なる神が死んだ。東洋では内なる仏を殺した。

仏法即世法と唱えながら、現実には世法のみに生きている。そこには大いなるものへの畏敬の念も、宗教性のかけらも見当たらない。

沢庵のこの一句は、そのような大きな時のうねりを鋭敏に感じ取った、いわば時代のカナリヤの鳴き声だったのではなかったか。

さて紙数も限られているので、最後に沢庵のいずれの年譜にも記載されていない史実を紹介しておこう。

一　大猷院様御代嶋原一揆落城以後、従仙臺伴天連壽庵、マルチイニョ市左衛門、キベヘイトロ召捕參候、評定場江四度出申候へドモ、御穿鑿キワマリ不申、其後讃岐守下屋敷江被爲成、三人ノ伴天連被召出、澤庵柳生但馬守其外寄合、宗門ノ教御尋、二三日過、中根壹岐守爲上使筑後守ニ被仰付、右三人ノ者共評定所江出シ不申、筑後守一人ニテ穿鑿仕候由。

（「契利斯督記」『続々群書類従第十二』、続群書類従完成会、一九七〇年）

寛永十六（一六三九）年六月、徳川家光が沢庵と柳生宗矩を従えて酒井忠勝の下屋敷に出向き、捕えられたキリシタン宣教師と面談を交わしたという記事である。

将軍が直接質問したという例は、後にも先にもこの一度だけだ。それは何故か。捕えられた中にキベヘイトロ、すなわちペトロ岐部がいたからであろう。

ペトロ岐部（一五八七〜一六三九）は豊後出身のカトリック司祭である。慶長十九（一六一四）年にキリシタン追放令によってマカオへ渡った岐部は、二年後にマカオを出奔してインドに行き、さらに歩いてアラビア半島を横断して日本人として初めてエルサレムを巡拝する。

そして地中海を渡ってローマに到り、正式にイエズス会に入会して司祭となるが、弾圧下の信徒を救うために元和八（一六二二）年にリスボンから帰国の途につく。

寛永七（一六三〇）年はるか喜望峰を越え、アユタヤを経て坊津上陸後、同十六（一六三九）年に仙台で捕縛され、同年七月四日に殉教している。

さて、その尋問の場に同席していた沢庵は、ペトロ岐部の語ることばを聞いて何を思っただろう。

これより半世紀の後、日本に潜入した司祭シドッティと新井白石との間で交わされた、相手の人間性に敬意を抱くような対話は望むべくもなかったにちがいない。

しかし、同じ宗教者でありながらかくも異なった人生を歩んだ二人が出会ったとき、互いに何を感じたのか、その心のうちをのぞいてみたいと願うのは筆者だけではないだろう。

愛のかたち

一

大学で学生諸君の講義の出席状況をチェックするとき、名簿に記載された名前に感心することがあります。なかには実にユニークなものがあるのです。「いちご」という名前をつけてもらっている女子学生がいます。彼女は、あるいはご両親のどちらかが、よっぽど果物のいちごがお気に入りなのでしょうか。やはり女の子の名前で、「心《こころ》」。これなどはすぐにおぼえてもらえそうで、良い名前ですね。それぞれの名前に、ご両親や名付け親の方たちの我が子に対する期待や、込められた思いがあるのでしょう。

「愛」という漢字を用いた名前もよく見られます。人に愛され、人を愛せるように育って欲しいというわけでしょう。ところでこの「愛」という漢字、部首に分けて解説される語源をご存知ですか。「漢字博士」として有名な京都大学の阿辻哲次先生は、このように説明しておられます。「愛」という漢字は、上下のふたつの部分に分けるそうです。上の𠫓の部分はテーブルのうえにご馳走が載っている様子だそうです。そして下の部分の夊は心と手足で、人間をいうのだそうです。ですから、そのふたつを合体させた「愛」という漢字のもともとの意味は、さあ食べようと思っていたご馳走を残して、急用で外出しなければならなくなった人の気持ち、まさに後ろ髪を引かれている様子を表わしていると言われるのですね。つまりなにかに執著しているというのがもともとの意味だということです。

だから仏教の経典に用いられる場合の「愛」という言葉は、ときには否定的な悪いニュアンスで扱われるケースもあるのです。「渇愛《かつあい》」などというときには、対象に向けての飽くなき欲望というような意味になります。現代の日本語のなかで使われる、人の名前に使いたくなるような肯定的な「愛」のイメージはむしろ多分に西洋、おそらくキリスト教の「愛」の教えにもとづいているのでしょう。

「愛」は、キリスト教になくてはならない言葉ですね。ギリシャ語のアガペー、ラテン語のカリタスが宗教的な意味の「愛」を表わしています。カリタスは英語のチャリティーですから、その意味を想像していただけると思います。アガペーは「神愛」、神の愛をいうわけですね。ではここで、少し「愛」について考えてみましょう。

二

昭和八年に『中央公論』に発表された、『春琴抄』という谷崎潤一郎の中編小説があります。すでに読まれた方はご存知でしょうが、おおよその内容を紹介しておきましょう。

幕末の大阪、道修町の薬種商のとうさん（お嬢さん）として生まれ、なに不自由なく育った春琴《しゅんきん》は幼いときから容姿端麗にして高雅とうたわれました。ところが、不幸にして九歳のとき失明してしまいます。それからはもっぱら琴や三弦の稽古に励み、琴曲の師匠として門戸をかまえることとなるのです。その春琴にはじめ手曳きとして仕え、やがては弟子として修行し、実質的には夫婦でありながら、厳格に師弟、そして主従の関係を守り、献身的に仕えたのが佐助でした。佐助は、春琴が他の弟子から逆恨みされて顔に熱湯をかけられてしまった容貌を見まいと、ついに自らの両目に針を突き立てて盲目となったという話ですね。

外の世界を見る光を失って後、互いに漆黒の闇を身にまといつつ恍惚の中に二人だけの愛をまさぐりあう。官能の極致であり、耽美的な傑作であるという評価が定着しています。川端康成

は、「谷崎潤一郎氏の『春琴抄』は、ただただ嘆息するばかりの名作で、言葉がない」と絶賛していますね。さらには最後の有名な一文から仏教的な側面も汲み取ることのできる小説ともいわれています。

佐助が自ら眼を突いた話を天龍寺の峨山和尚が聞いて、転瞬《てんしゅん》の間に内外《ないげ》を断じ醜を美に回した禅機を賞し達人の所為に庶幾《ちか》しといったというが読者諸賢は首肯せらるるや否や。

（岩波文庫『盲目物語・春琴抄』）

佐助が自分の両目を突いて盲目となったという話を天龍寺の橋本峨山禅師が聞いたそうです。そして、あっという間に自分の内と自分の外という二つに分かれた分別の世界の隔たりを断ち切り、やけどを負った醜さを永遠の美に昇華させてしまった、禅の境地に通じるようなすぐれた行ないをほめたたえて、佐助の行動は達人のわざに匹敵すると言ったそうです。さて、読者のみなさんは禅師の意見に賛成しますか、それとも反対しますか。

いかがでしょう。みなさんは、春琴と佐助のような虚構の世界に描かれる特殊な関係を「愛」というにはあまりにも屈折しすぎているのではないかとおっしゃられるでしょうか。ではこの話はどうでしょう。ドイツ神秘主義を代表するマイスター・エックハルト（一二六〇？―一三二八？）という神父の説教集にこのように説かれています。

これまでに神が人間に分かち与えた最大の救いは、神が人となったということであった。このことをうまく説明する話を語ってみよう。金持ちの夫婦がいた。その妻が事故で片目を失い、深い悲しみに閉されていた。そこに夫が来て次のように言った。「妻よ、なぜそんなに悲しむのか。片目を失《な》くしたからといって、そんなに悲しんではいけない」と。すると妻が、「あなた、わたしが悲しむのは片目を失したからではありません。あなたが以前のようにわたしを愛して下さらなくなるのではないかと思えて、それが悲しいのです」と言った。すると夫は答えた。「妻よ、わたしはお前をこんなに愛しているではないか」。それからほどなくして、彼は自分の片方の目をえぐり出し、妻のところへ来て言った。「妻よ、お前への愛の証《あかし》に、お前と同じになった。もうわたしも片方の目しかない」と。人間もこの妻と同じである。人間は、神がこれほどに愛してくれていることを、ほとんど信じることができなかった。そのために神はとうとうみずから「片方の目をえぐり出し」、人間の姿となったのである。これが「肉となった」（ヨハネ一・一四）いみである。

（岩波文庫『エックハルト説教集』）

ところで、最近の研究では、従来の『春琴抄』の素朴な解釈に疑問が投げかけられているようです（藤原智子「『春琴抄』論―佐助の能動的「献身」と春琴の受動的立場について」『日本文芸研究』五〇号）。かつての解釈では、傲慢な女主人の春琴があくまで主導権をもち、佐助はひたすら献身的に仕えて愛情を注ぎ続けたのだとされています。ところが、真実はそうではなくて、実は佐助こそが巧みに春琴を自分の手中に取り込んでしまって、その愛を独占していたのだというように理解できるというのです。「愛」とは何とも不可思議で難解なものなのですね。もしそうならば、このマイスター・エックハルトのいう神の「愛」も、とらえ方によっては話が少々複雑になってきますね。つまり、神が人間を愛しているのか、それとも人間が神を愛しているのか。あるいは、神に人間を愛させようとしているのか。

三

キリスト教の「愛」は、仏教の「慈悲」にあたるとされます。しかし「愛」と「慈悲」は異なります。たとえば、「愛」は自分に近いものをより深く愛します。さらに、「愛」は独占性を持ち、ひとたび裏切られれば激しい憎しみに変わります。だからキリスト教は「愛」と「義」の教えということになります。神が人間に「愛」を下すとともに、人間の行ないを「よし」として義認する。もし人間が神に義認されないような行ないをする場合は、神は人間に容赦なく罰を下すというわけです。

仏教の「慈悲」は愛憎の対立を超え、どのようなものにも及ぶとされます。そして、「同悲《どうひ》・同苦《どうく》」ですから、必ずしも罰とか怒りの発想がありません。キリスト教の「愛」は超越的な神の存在を前提にしますが、仏教の「慈悲」は絶対的な仏の存在を前提にするというのではありません。むしろ人間の仏性のはたらきと理解します。だから仏教は「慈悲」と「智慧」の教えとなるのですね。話がむつかしくなってまいりました。では「智慧」が仏性のはたらきとしてどのように現われて、「慈悲」になるのでしょうか。わかりやすい例を紹介させていただきましょう。

賀辞は必ず愁声あり、弔辞は必ず歓声あり、人情一の如し。我れ盤珪和尚の音声を聞くに、利衰・毀誉・尊卑・老稚に於て其の音異らず、和平にしてもとらず。蓋し凡識を脱離す。（藤本槌重編『盤珪禅師法語集』）

江戸時代初期、姫路の禅僧、盤珪永琢《ばんけいようたく》禅師（一六二二〜一六九三）のそばに一人の目の不自由な老人がいて、このように話していたというのです。「人は他人の喜びごとに対してお祝いを述べるときには、その言葉にその喜びごとが自分自身のことではないことにねたみ、悔しがる響きがある。その反対に、他人の不幸を慰めるときには、そこに自分自身に災難が降りかからなかったという安堵の響き、歓びがある。人間の心情というのは誰も変わらないものだ。ところが、盤珪和尚の声を聞いていると、どのような場合にあってもその声の響きが話す言葉の内容や相手によって変わることなく、いつも同じだ。まさに凡人とはかけ離れている」。

人間の体というのは不思議なもので、ひとつの能力が欠損すると、他の能力が異常に発達することがあるのだそうですね。ダウン症を発見したジョン・ダウン（一八二八〜一八九六）が、一八八七年に「天才的な能力を示しながら、一方ではある種の知恵が欠けている」という「サバン症候群」と呼ばれる症例を報告しています。おそらくこの老人もふつうの人よりも格段に聴覚が鋭かったのでしょう。だから、盤珪和尚と他の人々との微妙で実は大きな、声のニュアンスの違いに気づいたのでしょう。

相手の喜びを自分の喜びのように、相手の悲しみは自分の悲しみのように。盤珪和尚の円熟した宗教的人格が実際の日常の所作となって表われています。そこには「わたしが、我こそが」という小我のこだわりはありません。そのような小我を滅ぼしてしまった、真の「空」に徹する般若の「智慧」が、生きて血の通ったものに人格化されたところに、「慈悲」が発露しているのでしょう。これが、キリスト教の「愛」とは異なる仏教の「慈悲」なのです。

妖怪サトリ

一

禅をZENとして世界に紹介した最大の功労者といえば、鈴木大拙博士ですね。大拙博士の代表的な著書に『禅と日本文化』があります。その「禅と剣道」の中にこんな話が出てくることをご存知でしょうか。

一人の樵夫《きこり》が奥山でせつせと樹を切つてゐた。さとりと云ふ動物が現れた。平素は里に見当らぬ大変珍らしい生きものだつた。樵夫は生捕《いけどり》にしようと思つた。動物は彼の心を読んだ。「お前は己を生捕りにしようと思つてゐるね」。度肝を抜かれて、樵夫は言葉も出ないでゐると、動物が云つた。「そら、お前は己の読心力にびつくりしてゐる」。益々愕いて、樵夫は斧の一撃に依つて彼を打仆《うちたお》しくれんといふ考を抱いた。すると、さとりは叫んだ。「やア、お前は己を殺さうと思ってゐるな」。樵夫は全くどぎまぎして、此《この》不思議な動物を片附けることの不可能を覚つたので、自分の仕事の方を続けようと思つた。さとりは寛大な気配を見せなかつた。尚も追求して云つた。「そら、到頭《とうとう》、お前は己をあきらめてしまつたナ」。
樵夫は、自分をどうしてよいか、わからなかつた、おなじく此《この》動物をどう扱つてい丶か判らなかつた。到頭《とうとう》、此事態に全く諦《あきらめ》をつけて、斧を取り上げた。さとりの居ることなぞ気に掛けないで、勇気を出して一心に、再び樹を切り始めた。さうやつてゐるうち、偶然に斧の頭が柄から飛んで其《その》動物を打ち殺した。

（『禅と日本文化』岩波新書）

おもしろい話ですね。大拙博士は江戸時代の禅僧である沢庵宗彭和尚の説く「無心」の教えを説明するために、この話を引用しておられるようです。そして、話の最後を次のように締めくくられています。

いくら読心の智慧を持ってゐたこの動物でも「無心」の心まで読む訳にはゆかなかつたのだ。

禅の「無心」とは、一心不乱に仕事をする樵夫のこのような心のあり方をいうのでしょうか。

なかなか含蓄に富んだ話です。ところで、大拙博士はいったい何処からこの話を見つけてこられたのでしょう。ご存知の方もおられると思いますが、実はこれに似た話は日本のあちらこちらに妖怪物語として古くから語り伝えられているのです。とりあえずよく知られているものをいくつか、そのおよその内容をご紹介しましょう。

㈠　静岡県に伝わる「サトリのワッパ」という話。
狩人が山でサトリにあった。心に思うことを次々に悟られ、恐ろしくなって撃とうと思い、黄金の弾丸を取り出した。サトリは黄金の弾丸には叶わない。会ったことを口外するなと言い、立ち去った。

（『参遠山村手記』）

㈡　秋田県に伝わる「サトリの怪」という話。
ある家に毎晩タヌキが来て、囲炉裏で睾丸を広げて暖をとっていた。そのとき火がはじけて、タヌキの睾丸に当たった。タヌキは「さとりかねた」と言って、睾丸へ炭火を入れたまま逃げていった。

（『羽後角館地方の昔話（二）』）

㈢　高知県に伝わる「思いごと言い」という話。
炭焼きが山奥にいると、「思いごと言い」が来て思っていることを言う。焚き火の炭火が飛んで「思いごと言い」に当たる。すると「おまえは怖い。思わぬことをする」と言って逃げていった。

（『日本の昔話25』）

これらの民話は、ほとんどが国際日本文化研究センターのデータベースに収められています。しかし、妖怪物語といえば、もちろん忘れてはならないあの人がいましたね。京極夏彦さん？いえいえ、水木しげる先生です。先生の『水木しげるの妖怪事典』にしっかり登場していますよ。

　むかし富士山の麓の大和田山の森林中に、おもいという魔物が棲んでいた。この魔物は、人間の心に思う事はどんなことでも見通すという不思議な力を持っていて、この魔物に出会った人間は、全く進退ができなくなって、結局つかまえられ喰われてしまうのが常であった。

ある時一人の樵夫《きこり》が大和田山の森の中で木を切っていると、ふいにそのおもいが現れ、樵夫は思わずゾッとして怖いなと思った。すると魔物はゲラゲラ笑い、「今お前は怖いなと思ったな」と言った。男は真っ蒼になって、グズグズしていると取って喰われるぞ、と身を慄わせていると、おもいは「今お前はグズグズしていると取って喰われるぞと思ったな」と言う。男はいよいよ堪らなくなって、どうなるものか逃げるだけ逃げてやれと思うと、おもいはまたもや、「今度は逃げるだけ逃げてやれと思ったな」と言う。こりゃどうも仕様がない、どうなろうと諦めろと思うと、おもいはまたしても、「今お前はどうなろうと諦めろと思ったな」と言う始末。

そうなるともうどうすることもできず、仕方がないから樵夫はそのまま木を割っていると、おもいの魔物はだんだん近寄って来て、スキがあれば取って喰おうと狙っていた。

ところがそのとき、男が割っていた木に大きな節があって、男が打ち下ろした斧がその節に当たると、不意にそれが砕け、木の破片が勢いよく飛んで、魔物の眼にひどくぶつかってその眼をつぶしてしまった。これには樵夫は勿論、おもいの魔物も全く思いも寄らず、さすがの魔物も参ってしまった。そして、「思う事より思わぬ事の方が恐い」と言いながら、どんどん向こうの方へ逃げて行ったので、男は思わぬ事で、命拾いをしたという。

これは、昔飛騨とか美濃の深山に現れた、さとりというものと同じで、富士山麓では、おもいといっていたのであろう。一般には、さとりという。

二

ところでそもそも妖怪とはいったい何でしょう。妖怪とは、私たち人間の心の奥深いところに潜んでいる「負の情念」の具象化なのかもしれませんね。おっといけません。別のパソコンで書いている講義レジュメのむつかしい文体が混じってしまいました。わかりやすく言えば、人間の心の闇の部分の産物なのです。微妙な感情のあやが映し出す陰影のひとつひとつに妖怪としての名前をつけていったのでしょう。だからこんなに沢山の妖怪が、それもどこか懐かしさを感じる妖怪たちが、異界と人間界を跳梁《ちょうりょう》跋扈《ばっこ》するようになったのでしょうね。

名前というのは不思議なものです。現実に存在していなくても、名前をつけただけであたかもそれが本当に姿を現わしてくるように思えてしまうものです。妖怪の「さとり」だけでなく、禅の「悟り」も案外そのようなものかもしれませんよ。

しかしいつしか、傲慢な合理主義精神とやらが、大手を振って日の当たる場所を闊歩するようになりました。それとともに、ひっそりと生きていた妖怪たちは夜明けの星がひとつずつ消えていくように、姿を消していったのです。そして妖怪と一緒に、妖怪の棲みかである異界の闇も失ってしまった現代の私たち。心に秘めた奥深さも、情念のうるおいも同時に失くしてしまったように思えませんか。民話に登場していた「さとり」もきっとどこかへ去ってしまったのに違いありません。

でもいったい、なぜ人の心を読むという妖怪の名前が「さとり」なのでしょうね。禅の「悟り」と何か関係があるのでしょうか。かつて「日本妖怪伝サトリ」という、この妖怪をモチーフにした映画がありました。最近は逆に「サトラレ」という、心で思ったことが周囲の人々に悟られてしまう男の子が主人公というTVドラマがあるそうです。そこでこの「さとり」という言葉について少し考えてみましょう。

辞書の説明をいくつか調べてみると、最初に、『新編大言海』にはこのような解説があります。まず「さとし（聡）ノ語源ヲ見ヨ」とあって、その語義が説明されています。「さハ発語、としハ敏《ハヤ》シ。サカシ」。意味は、「理ヲ知リ得ルコト、敏《ハヤ》シ。サカシ」となっています。そして、「此語ノ語根ヲ自動詞ニ活用セサセテ、覺《さと》るトシ、ソレヲ又、他動詞ニシテ、諭《サト》すトス」ということですね。次に、『俚言集覧』ではこうです。「さとる　サトは早疾の義　早疾を活用して云ふ也」。「さとり」

のもともとの意味は、「目敏《めざと》い」という表現にあるように、「早い、素早い」ということだったのですね。「頓悟《とんご》」という仏教用語があります。段階を経ることなく直ちに「悟り」に至るという意味です。ただし時間的に速いというだけでなく、空間的にも速いということです。たとえて言えば、「迷い」と「悟り」の関係は、一枚の紙の裏表のようなものです。「迷い」を突き抜ければそのまま「悟り」に至るのです。「速い」という観点で、さりげなくニュアンスが通じているのが興味深いですね。

では「覺」、「悟」、「解」、「曉」というような漢字の場合はどうでしょう。『角川大字源』によれば、以下のようになっています。「覺」は、「目の前がぱっと明らかになる意」。「悟」は、「心に明らかにする意」。「解」は、「刀で牛を解体する、とく意」。「曉」は、「太陽の光がしだいに明るくなる、ひいて、心の迷いが解けて、さとる意に用いる」。以上のように、漢字の場合は、「明らかになる」「明るくなる」という意味があるようです。「悟り」という言葉を英語に翻訳するときによく用いられる英単語が、エンライトメント（enlightenment）です。この単語の語源は、ライトという部分でおわかりのように、「明るく照らす」というものです。初めてこの単語を「悟り」の翻訳語とした人物は、そのあたりの意味を考慮したのかもしれません。

なお藤堂明保《とうどうあきやす》先生（一九一五〜一九八五）は「悟」と「覺（覚）」の両字について独自の解釈をされています。「悟」も「覺（覚）」も色々な感じがひと所に交叉してハッと会得されること。知覚の「覺

（覚）」とは、人間の受けた各種の刺激が、一点に交叉して統合される働きをいうと説明されています。刺激が交叉するというのは面白いですね。「聞声《もんしょう》悟《ご》道《どう》見色《けんしき》明心《みょうしん》」という禅の言葉があります。音声を聞いて仏道を悟り、事物を見て本心を明らかにするという意味ですね。禅の「悟り」というのは、日常生活の真っ只中、ふだんの何気ない生活の場にあって五官（五つの感覚器官：眼・耳・鼻・舌・身）による機縁《きえん》（悟りを開くきっかけ）があって悟ってこそ、真の「悟り」であると言われます。だから薄暗い坐禅堂の中の座布団の上で、坐禅の最中に開いたというような悟りは、「隠居悟《いんきょざと》り」と呼ばれるのです。いかにものんびりとした、活力の無い悟りというイメージの呼び名ですね。

三

さて、最初に紹介した大拙博士の「さとり」の話は、沢庵宗彭和尚の説く「無心」の説明のほかにもさまざまな示唆を私たちに与えてくれていると思います。このように考えられるのではないでしょうか。

まずこの「さとり」という動物は、不思議に禅の「悟り」に似ています。たとえば、樵夫が生一生懸命捕まえようとして追いかけているかぎり、「さとり」は捕まえられなかったのです。生捕りにしようとがんばっても不可能だったのですね。でも自分の仕事に一心に取り組んでいたときに、まったくの偶然に、無意識のうちに「さとり」を仕留めたのです。ただし樵夫が手にすることができたのは生きた「さとり」ではなく、すでに死んだ「さとり」だったのですね。

禅の修行者が「悟ろう、悟りを開こう」と努力しているかぎり、生きた「悟り」は得られないのかもしれません。ところが偶然に「聞声悟道見色明心」というような機会が訪れるのです。でもそのようにして「得た」という「悟り」はすでに、死んだ「悟り」なのですね。ですから、自分は「悟った」などと思おうものなら、たちまち「悟り」の死臭がふんぷんと漂うのです。

わたしが花園大学で禅学の講義をさせていただくのも、死んだ「さとり」を手術台にのせて解剖をしているようなものです。つまり禅の「悟り」の死体の検死作業なのですね。もちろん医学の進歩に人体の解剖をしてその構造を知ることが欠かせないように、禅の「悟り」をさまざまな方向から学ぶことは必要でしょう。みなさんが禅の本を読んだり、偉いお坊さんの法話を聞くことも無駄ではないでしょう。しかしそれは、すなわちあなたが興味や研究の対象としてとらえているような「悟り」は、決して生きた「悟り」ではないということです。

では最後に、よく知られている「悟り」の検死報告書を一例、ご紹介しておきましょう。

余は今まで禅宗のいはゆる悟りといふ事を誤解して居た。悟りといふ事は如何なる場合にも平気で死ぬる事かと思って居たのは間違ひで、悟りといふ事は如何なる場合にも平気で生きて居る事であった。

（正岡子規『病牀六尺』）

麻薬と劇薬

一

司馬遼太郎さんといえば、亡くなられてなお国民的作家としての人気が衰えていませんね。じつはわたしはナマの司馬さんに一度だけお目にかかったことがあります。『街道をゆく』という作品を執筆されていた頃でした。

この連載（「街道をゆく」）は、道を歩きながらひょっとして日本人の祖形のようなものが嗅げるならばというかぼそい期待を持ちながら歩いている。（『週刊朝日』一九七一年一月八日号）

昭和四十六（一九七一）年から平成八（一九九六）年の長期間にわたって連載されたこのエッセ

イ集のなかに、「嵯峨散歩」という一章があります。その取材のために嵐山の大悲閣から渡月橋をわたって天龍寺まで来られたときのことでした。天龍寺の専門道場にふらりとお見えになったのです。たまたま臘八《ろうはつ》大摂心《おおぜっしん》（十二月一日から八日まで不眠不休で坐禅に励む禅寺の寒行）の最中で、師匠の平田精耕老師と親しげに話されているのを拝見していたおぼえがあります。司馬さんと平田老師は若い頃、ともに大阪外語学校で机を並べて学んだ間柄だったのですね。平田老師がドイツ語、司馬さんはもちろんモンゴル語。

　ところであれだけ膨大な作品を残されたにもかかわらず、外国語に翻訳されたものが少ないのは司馬さんの作品の特徴ともいえるでしょう。ご本人がおっしゃったように「ドメスティックな」書き手だったのかもしれない。またおもしろいことに時代小説のファンというのは大きく二種類に分けられるのだそうです。『プレジデント』や『エコノミスト』を好んで読む読者層、すなわち企業経営者と呼ばれる人たちと、そうでない人たち。経営者といわれるような人たちは司馬さんの、歴史を一段高いところから俯瞰するような英雄的史観を好むといわれます。いっぽう市井に生きる庶民の目は、山本周五郎や藤沢周平の作品に共感するようです。ただわたしたちは、庶民派の後継者として北原亜以子という手練れの書き手を得ましたが、司馬さんの後を継ぐ人は目下のところ現われていないようです。

　その司馬さんは、禅嫌いでも有名でした。あちらこちらで禅の批判をしています。禅がお嫌いだったのか、それとも禅僧がお気に召さなかったのか？　宗教一般、あるいは仏教すべてを疎んじていたのならともかく、それどころか『空海の風景』という作品を著された司馬さんは、他力浄土門の信仰に対する理解の深さも相当なものでした。


「その如来は、どこにいる」

「十方世界（宇宙）にあまねく満ち満ちていらっしゃいます。満ち満ちて、わたくしどもが救われたくないと申しても、だまって救ってしまわれます」

「救いとはどういうことだ」

「人のいのちは、短うございましょう？　そのみじかいいのちを、永遠な時間のなかに繰り入れてくださることでございます」

「念仏（南無阿弥陀仏）すれば、か」

「いいえ、お念仏をとなえようと、唱えまいと、繰り入れてくださいます。それが、極楽へ参れる、という境地でございます」

「わからぬことをいう。さすれば、念仏は、その極楽《きょうち》に生まれるためのまじないか、関所手形のようなものではないのか」

「ちがいます。さきほども申しましたように弥陀の本願によってたれでも救われるのでございますから、南無阿弥陀仏をとなえる者だけが極楽に生まれるというものではございませぬ。たれでも、生まれさせて頂けます。お念仏は、そういうありがたさを感謝する讃仏《さんぶつ》のことばにすぎませぬ」（『尻啖え孫市』）

では司馬さんは禅をどのように評価していたのか、少し紹介してみましょう。

極端に言いますと、禅とは危険な思想であります。昔、マルクス主義が危険だと言われた時代がありましたが、もっと根源的な意味で、人間として最も危険な、劇薬の部分を持っています。いいかげんな者が禅をやってはいけないと私は思っています。（中略）私は彼（引用者注＝作家の水上勉さんです）に言いました。「禅宗というものは、難しい。禅宗はやったほうが悪くなってしまう感じがする。一万人に一人だけが悟りの境地に行けるけれども、九千九百九十九人はやらない前よりも悪くなるのではないか」（中略）

悪口にとられたら困りますが、それだけ禅は効き目のある劇薬だと申し上げているのです。ですから軽々に、私ちょっと座禅にいってきますとか、うちの息子はぐうたらだから、禅寺にでも行かせて座禅をやらせようかなどとは、言わないほうがいいですね。（『司馬遼太郎全講演』第一巻）

二

司馬さんの禅に対するこのような評価が何処から来たのかを考えてみるために、禅について率直な感想を述べている文章をいくつか見てみましょう。最初に、インド仏教原理主義とでもいうべきお立場から渡辺照宏《わたなべしょうこう》先生（一九〇七〜一九七七）はこのように述べておられます。

禅は因襲打破という面を持っているところから、世間の常識に反するような奇行を禅と結びつけて考えることも多い。一見、奇行と思われるような言動によって弟子の注意をひき、正しい道に導きいれた例も多いが、なかには意味もなく人並はずれなことをして得意になっているものもないとはいえない。禅のごとく、高度の霊的体験を目ざすものにあって、最高から最低にいたるまでさまざまの可能性、ないし危険性が蔵されていることは認めざるを得ない。

（『渡辺照宏著作集』第四巻）

独自の哲学世界を展開しておられる梅原猛《うめはらたけし》先生（一九二五〜）は言われます。

禅はきびしい宗教なのだ。おのれの救いのためには、一人や二人は殺してもかまわない残酷さが、むしろ禅の魅力なのである。

（『梅原猛著作集』六）

合気道の達人でもあられた鎌田茂雄《かまたしげお》先生（一九二七〜二〇〇一）の場合はこうです。

『臨済録』は、仏に生かされるなどと思うやつはばかだ、仏に生かされる理由は何もない、自分は自分で生きるだけ、自分は自分で死ぬだけで、死んだら何もないという。人間の意志の宗教である。（中略）

中国人のなかでも臨済の生き方は特殊中の特殊であり、エリート中のエリート、あるいは気違いのなかの気違い、あるいは悪魔のなかの悪魔でないと、そういう生き方はできない。

（『華厳の思想』引用者注：引用箇所のなかに不穏当な表現がありますが、あえてそのままにしてあります）

さて思わず首肯させられるものもあれば、ちょっと待ってくださいよと言いたくなるものまでじつにさまざまですね。それだけ禅というものは万華鏡のように変幻自在な魅力にあふれているとも言えるのでしょう。ではいったい禅の危険性とは何なのでしょう?

「宗教は麻薬である」とはよく知られた言葉です。思い通りにならない日々の現実から目をそらせて一時の幻想を与えるもの。さらには一時の幻想に酔いしれるだけならともかく、しだいに幻想と現実の区別を失っていって、結果として自分自身や社会の人々に危害を及ぼす。そのような危険性を内在させているのが宗教だということになるのでしょうか。しかしそれらは宗教でなく、宗教者に帰せられるべき危険性でしょう。むしろ宗教そのものがもともと劇薬であるといえないでしょうか。宗教の世界に足を踏み入れるということは、とりもなおさず人間を超える大きな力に包まれるということです。それはすなわち、自分の周囲の人たち、肉親や友人さらには自分自身に対する愛着を断ち切る覚悟を迫られるものではなかったのでしょうか。

だれでも、父、母、妻、子、兄弟、姉妹、さらに自分の命までも捨てて、わたしのもとに来るのでなければ、わたしの弟子となることはできない。

（「ルカによる福音書」）

宗教の目指すものが、世間でいわれる人間としての幸福の追求に必ずしも合致しないのはごく自然のことです。そもそも現世の苦しみや悩みを癒やすのではなく、超越しようとするところに、宗教の宗教たる面目がありはしませんか。

あるいは司馬さんはイスラム教やユダヤ教、そしてキリスト教などのセム族系の宗教を「人間を飼い慣らすシステム」と呼んだことがあります。ですから司馬さんは禅に、人間を飼い慣らすどころか、まったく逆に人間を異次元の地平に解き放ってしまうような危険なエネルギーの香りを嗅ぎとったのかもしれません。

いちばん危険なところは—禅も解脱の道なのですが—禅を生半可にやるというところにあるのであって、それをやると悪い人になりかねない。生命はどうでもいいということになります。生命は何であるのか、つまらないものだ。つまり生命による束縛《そくばく》から離れるときに、他人の生命も軽んじてしまう。この世を高《たか》を括《くく》った目で見くびる。この世を矮小化《わいしょうか》して見始める。

（『日本とは何かということ』）

ご自身も戦車兵として戦場におもむいた司馬さんは、もしかすると「生死一如《しょうじいちにょ》」（生と死は対立するものでなく一如であること）という言葉を曲解した亜流の軍人禅に辟易させられたのかもしれません。あるいは宗教部記者として取材中、「天上天下唯我独尊《てんじょうてんげゆいがどくそん》」（釈尊が誕生のときに唱えたとされる、世界中で自分が最も尊いということ）を自分だけのことと錯覚している高慢な禅僧の毒気に当てられたのかもしれませんね。

三

そもそも宗教の定義は、宗教学者の数だけあるとも言われるそうですが、禅はいわゆる宗教の範疇に重なりつつも宗教の枠を超えています。それだけに禅には独善的な体験主義に陥る危険性があるのも事実です。悟りに至る過程や悟りの内容の知的理解や説明を拒否するのは、反宗教学的な立場に立つことにもなるでしょう。ひとりひとりの主体的な実践による悟りが究極のゴールであるという見地からみれば、そういう姿勢をとりたくなるかもしれません。しかし悟りの世界に立てこもってしまうと、禅は知的公共性を拒否するひとりよがりに陥《おちい》ってしまいます。体験は大切です。しかし体験が体験として本当の意味を持つのは、経験という地平にあってこそです。体験と経験は異なります。「体が験《ため》す」のが体験であり、「験《ため》しを経《へ》たもの」が経験です。いたずらな体験主義は経験の地平をとざし、自分の体験に固執するだけで自家中毒を起こしてしまいます。司馬さんの言われるように、生半可な禅は危険極まりないものなのかもしれません。

それはたしかにそうなのです。だから禅には「仏向上《ぶつこうじょう》」（仏の境地にもとどまることなく修行をかさねていく）の教えもあるのです。ところがです。昨今の禅はかえってその体験主義的な劇薬の部分が除去されすぎてしまっているのではありませんか。去勢された品行方正な禅ばかりが表舞台にとりあげられているのではないでしょうか。毒やアクを抜かれてしまった代わりに思想とか、文化とか、哲学とか、あげくは自分探しなどというような甘く口当たりのいいアイシングをまぶされて、書店の本棚で愛想を振りまき、パソコンのデスクトップで媚を売っているような気がします。

今年五月二十日付のイギリスの科学誌『ネイチャー』に長崎大学の野口玉雄教授のグループによる画期的な研究成果が掲載されました。それは毒をもたないフグの養殖に成功したという報告です。ところでその研究を通じて意外な事実が明らかになりました。それは、無毒に育てられたフグは死にやすいということです。じつはフグの猛毒の成分であるテトロドトキシンは外敵から身を守るだけでなく、フグ自身の免疫力を高める作用もあわせもっているらしいのです。おもしろいですね。ということは、もしかすると毒の無くなった禅も短命になっている？

ことわざでは「薬が毒になり、毒が薬になる」というそうです。禅が劇薬といわれるなら、正しい使用法を守ればすばらしい効き目を発揮してくれることでしょう。その代わりに間違えれば「薬も過ぎれば毒となる」ということなのでしょうね。さらには「甲の薬は乙の毒」なのですから、応病与薬（人を見て法を説く）ということが大切になるのかもしれません。最後はやはり、「薬人を殺さず、薬師人を殺す」という結論に至らざるを得ないのでしょうか。

不実の美女

一

通訳養成所に通っていた頃は、それまでの僧堂生活とはまったく違った世界の人たちとの出会いの日々でした。たいていの生徒さんはプロの通訳や翻訳家志望でしたから、いわゆる言葉に対しては非常に敏感でしたね。こんなことを教えてくれた女の子がいました。「英語は、何をしゃべるかという言葉。日本語は、何をしゃべらないかという言葉」。

今回はもっぱら翻訳のお話なのです。最初に簡単な問題です。I love you so much. この英文を日本語に翻訳してください。「わたしは、あなたをとても愛しています」と答えた方、たくさんおられるでしょう。それは英文解釈の答えですね。わたしならこう訳します。「ごっつ好っきゃねん」。

それでは第二問。原題は「Digging to China」、日本では「ウィズ　ユー」のタイトルで公開された、ケビン・ベーコンのちょっと泣かせる映画のセリフです。See you later, alligator. After while, crocodile. さてどう訳しますか? 日本語版の字幕はお見事でした。「さよなら三角、また来て四角」。

ちょっとマニアックな問題だったでしょうか。さていったい翻訳とは何でしょう。それは外国語で書かれている内容を正確に理解して、つぎにそれをごく自然な母国語で表現する作業といってよろしいでしょう。ですから単語や文章を逐一別の言葉に置き換えるというものではないのです。そこにはときに思い切った省略もあるのですね。たとえば英語の代名詞。養成所では、日本語に訳すときにはできるだけカットしろと教えられました。誤解を避けるためにどうしても必要な場合には、「それ」とか「彼」とせずに元の名詞をくりかえして使えとも言われました。ところで、みなさんは日本語に訳さない代名詞の it というのを憶えていますか?

It is hot today.　　今日は暑い。
It is just three o'clock.　　ちょうど三時です。
It grew dark.　　だんだん暗くなった。

これらのような天候、時間、明暗、そして距離などを表わす文章の主語としてのitは日本語に訳しません。初めて英語を習ったときに先生にそう言われましたよね。でもなぜ訳さないのでしょう？ じつは訳さないのではなくて、訳せないのですね。そのようなitに相当するものが日本語のボキャブラリーに無いから訳せないのです。itはGodなのです。空間と時間の創造主、永遠と無限を支配する唯一の主宰者は特定の名前では表現できません。だからitと呼ばれるのでしょう。そのような絶対神の観念は日本語にはありません。だから訳せないのです。

二

歴史、文化、宗教、習慣などが違えば、ものごとの見方や考え方も違ってきます。そのために単語とか文章表現そのものがこちらの側の、あるいは反対に相手の側の言葉に全然無いなどということはよくあります。たとえどちらの言葉にあるものでもズレや誤解は生じます。それをいうのがトラドゥットーレ、トラディトーレ（Traduttore, traditore）というイタリアのことわざです。「翻訳者は裏切り者」。つまり、どんな翻訳も原文の趣旨を忠実に伝えることはできず、どうしても原著者の意を裏切ってしまうという意味です。言葉を完璧に移し変えることは不可能といってもよいのでしょうね。けれどもどうしても伝えたいことが外国語でしるされているとき、わたしたちは外国語を自分で学ぶか、あるいは翻訳という手段にたよらざるを得ません。その葛藤から生まれたのが、ベル・アンフィデル（Belles infidèles）という、いささか皮肉な言葉でしょう。

フランス語にベル・アンフィデル（Belles infidèles）という表現がある。文字どおりにいえば、「不実の美女」であるが、「美しいが、原文に忠実でない翻訳」をさして用いられる言葉である。その語源は十七世紀にさかのぼる。

ペロー・ダブランクール（一六〇六—一六六四）という有名な翻訳家がいた。文才にたけ学識もたしかで、ローマの史家タキトゥス、ギリシアの風刺詩人ルキアノス、ギリシアの史家クセノフォンなど、きわめてひろい範囲にわたる大著を翻訳していた。ペローの訳文は美しく、当時のフランスでもっとも好まれた文学作品にかぞえられる。だが、大学者メナージュ（一六一三—一六九二）は一六五四ころ、ペローの翻訳をこう批判した。彼の翻訳は、「私がトゥールでふかく愛した女を思い出させる。美しいが不実な女だった。」このあざやかな表現がフランス語として定着したのである。二十世紀になってからも、「ベル・アンフィデル」についていくつもの著作や論文が書かれた。いまでも使われる言葉である。

（辻由美『翻訳史のプロムナード』）

女性の読者のみなさまには本当に申し訳ないのですが、どうかお許しください。一般的に翻訳では（あくまで翻訳の世界の話です）、原文への忠実さと訳文の美しさは両立しがたいとされています。「貞淑な美女」はまことに得難いのです（決して現実の女の人のことを言っているのではありません）。原文に忠実であろうとすると、醜く読みにくい訳文になるのが普通です。つまり「貞淑な醜女」ですね。いわば翻訳者たちは昔も今も、「貞淑な美女」を求めるという不可能への飽くなき挑戦を続けていると言っても過言ではないのです。しかし残念ながら現実には「不実な醜女」だけが生み出される場合が多いようです（しつこいようですが、これはたとえ話にすぎません）。

そしてそれは、お経を翻訳するということ、つまり仏典翻訳という大事業にあっても状況はまったく同じであったと思われます。言うまでもなく仏教の聖典はインドで作られたものですね。それが漢訳、つまり中国語に翻訳されることによって広く東アジアに仏教が広まったわけです。膨大な量の仏典の漢訳はまさに国家プロジェクトといってもいいような壮大な事業だったようです。組織だった経典翻訳のプログラムが『宋高僧伝』とい

う書物にしるされています。末木文美士《すえきふみひこ》先生（一九四九～）の紹介（『仏教―言葉の思想史』）でその様子を見てみましょう。

①訳主：経典を請来した三蔵で、訳経の中心となる。経の原本を読んで、意味を講述する。
②筆受（綴文）：梵語と華語（中国語）に通じ、教理に明るい人で、訳主の言うところを理解して、文にする。
③度語（訳語・伝語）：訳主が華語に暗い時、助けて華語にする。
④証梵本：華語が梵語と相違していないかどうか確認する。
⑤潤文：内外の学に通じたものが当り、文章を潤色して、公表できるようにする。
⑥証義：訳し終った文の内容を検討する。
⑦梵唄：訳したものを唄い、念誦に適するかどうか検討する。
⑧校勘：訳文を改めて校勘する。
⑨監護大使：事業の監督に当る。しばしば俗人の高官が任じられた。

時代によりその様相は変化したでしょうが、経典翻訳がつねに困難な作業であったことは変わらなかったと思われます。それはかつてのインドの梵語すなわちサンスクリット語から中国語への翻訳というお話でした。

ところで、現在の日本の曹洞宗教団では、教団をあげて仏典や宗典の英語への翻訳を試みておられます。平成八年に正式に発足した翻訳委員会は、奈良康明先生を会長として宗学者や米国の学者や禅センターの指導者が中心になってメンバーを構成しています。そして曹洞宗門として正式に統一された仏典、宗典、日常使用される偈文などの正確な英訳を完成させようと努力されているのです。このようなプロジェクトは未来の曹洞禅の海外展開にあって、はかりしれないほどの重要な意義があることは間違いないでしょう。

ただし梵語から中国語への経典翻訳も大変だったでしょうが、中国語や日本語の禅の語録を英語のような欧米の言語に翻訳していくのも困難な仕事であることに変わりはないと思われます。ではここで、そのような難題にひとつの示唆をあたえてくれそうな翻訳作品を紹介しましょう。

三

森鴎外（一八六二―一九二二）といえば、夏目漱石とならんで明治の文豪として知られていますね。

陸軍軍医として日本の衛生学の発展に貢献しながら、作家として旺盛な活動をした鴎外のもうひとつの顔が翻訳家でした。『即興詩人』（アンデルセン原作）は有名でしょう。

その鴎外が明治二十二（一八八九）年に発表した日本で初めての訳詩集が『於母影』でした。そこに収められているイギリスの詩人、バイロン（一七八八－一八二四）の「マンフレッド」の一節の鴎外の訳を見ていただきたいのです。

When the moon is on the wave,
And the glow-worm in the grass,
And the meteor on the grave,
And the wisp on the morass;
When the falling stars are shooting,
And the answer'd owls are hooting,
And the silent leaves are still,
In the shadow of the hill,
Shall my soul be upon thine,
With a power and with a sign.

（"Manfred"）

月が波間に輝き、
螢は草葉に露を吸い、
隕石塚の上に落ち、
鬼火は沼地に燃える。
流れ星尾をひき、
ふくろ鳥呼びかわし、
音なき木々の葉は、
丘の蔭にしずもる、
かかるとき、わが魂は力と徴表を持って、
おまえの魂を訪おう。

波上纖月光糾紛
螢火明滅穿碧叢
宵暗燐碧生古墳
陽炬高下跳澤中
星墜如雨光疾於電

（小川和夫訳『マンフレッド』岩波文庫）

梟唱梟和孤客驚顫
殘月斜射千壑陰
風死林木渾絶音
正是威力加汝時
靈咒無假誰脱羈

（「曼弗列度」『森鷗外全集』第八巻）

最初にバイロンの原詩です。その次に詩の意味を理解していただくために、同じ箇所の日本語訳を小川和夫訳岩波文庫本『マンフレッド』から引用しています。そして最後が鴎外の訳です。おわかりになりますか？「波上《はじょう》の繊《せん》月《げつ》光《ひかり》糾《きゅう》紛《ふん》たり」で始まるこの鴎外の訳は、すべて一定のルールにしたがって構成されています。「波」は平、「上」は仄、「繊」は平、「月」は仄、「光」は平、「糾」は仄です。そして最後の「紛」と二句目の最後の字である「叢」、三句目の「墳」、四句目の「中」、これらの末尾の漢字は韻を合わせて作られています。つまり漢詩を作るうえでの約束事である平仄を整え、脚韻を踏んで翻訳しているのです。それがどうしたのと思われるでしょう。問題はそこなのです。

加藤周一さん（一九一九〜二〇〇八）はこの鴎外の「技巧的偉業」に対して賛美を惜しみません。

その後これほどの離れ技をなし得た訳者はなく、たとえあっても、それを評価する読者層がなくなった。〈調〉（引用者注：鴎外の用語で原作の趣旨および形式的な特徴のすべてを踏まえた訳詩のスタイルをいう）があり得たのは、漢詩に熟した文化が初めて西洋の文藝に出会ったときだけである。それは明治維新以後のおよそ二、三〇年間であった。

（『加藤周一著作集』17）

つまり鴎外は、強弱のリズムを合わせフットライム（脚韻）を踏んで作られているバイロンの詩を、散文ではなく詩として翻訳しているのです。翻訳のなかでもっともむつかしいのが詩の翻訳だとされます。なぜなら詩にはその意味や内容だけでなく、むしろそれ以上に訳するのが困難な、言葉の持つひびきやリズムという重要な要素があるからです。またそれゆえに宗教と詩には深いつながりがあるのです。法悦という純粋体験を表現するには主語と述語を組み立てるよりも、原始的な叫びがもっともふさわしいのです。魂の震え、それこそが詩の原点なのです。入矢義高《いりやよしたか》先生（一九一〇～一九九八）は言われました。

詩がわれわれに与える感動とは何であろうか。それは詩人の観照が、独自のリズムを通してわれわれの心に呼び起こす律動であるといってよかろう。

（『求道と悦楽』）

禅と詩がつながるとすれば、それはやはりわたしたちの生命の脈動が共鳴しあうということにあるのでしょう。ですからわたしは鴎外の「技巧的偉業」に着目していただきたいと申し上げているのではありません。むしろ詩を詩として訳そうという限りない努力に、心の律動を共有しようとするひたむきな姿勢に目を向けていただきたいのです。

最後に紹介するのは、禅の代表的な語録である『碧巌録』の詩の英訳の一例です。今度はさっきと順序が逆です。最初に『碧巌録』第四十則の偈頌です。次にその日本語訳。最後に英訳を挙げています。さて、ここに原詩のリズムは、生命の波動は感じられるでしょうか。

聞見覺知非一一
山河不在鏡中觀
霜天月落夜將半
誰共澄潭照影寒

（『碧巌録』第四十則「南泉一株花」）

聞・見・覚・知は一つのものではなく、
山河は鏡の中に見るものではない。
満天に霜が降りて月も沈んだ真夜中、

誰が（月と）共に澄みきった淵にその姿を寒々と映し出すのか。

（末木文美士編『現代語訳碧巌録』）

Perception and cognition are not single units;
Mountains and rivers are not viewed in a mirror.
When the moon's gone down in the frosty sky, the night half over,
With whom will it cast a reflection, cold in the clear pool?

（Thomas Cleary, "Secrets of the Blue Cliff Record"）

いかがでしたか？　それではみなさん、さよなら三角、また来て四角。

食人鬼と青頭巾

一

お寺にはそれぞれの由来というものがあります。いつ誰がどのようにして建てたのかということですね。いま私のお世話になっている大阪府池田市にある臨済宗天龍寺派松雲寺という小さな寺にもそれなりの由来があります。尼子騒兵衛スタイルで言えば、このお寺は「由緒貧しい」お寺なのです。

文保元（一三一七）年の春の頃です。後に天龍寺のご開山となる夢窓《むそう》国師（一二七五～一三五一）は美濃の虎渓山《こけいざん》から上洛して、京の北山あたりに仮住まいをしておられました。たまたまお米や野菜を届けてくれる村の翁からあることを教えられます。摂津というところに多田源氏の祖、満《まん》慶《けい》入道（生没年未詳）を祀る立派なおやしろがあるというのです。国師は伊勢源氏の流れをくむお方でしたから、一度参拝に行こうと決心しました。その年の九月、摂丹街道を錫杖を鳴らしながら西に向かって行脚をする国師の姿がありました。現在の兵庫県川西市にある多田神社に参拝されたのですね。そして無事に参詣を済ませた国師はその日の宿所をもとめて近在の御家人の屋敷を訪ねます。屋敷の当主、摂津源家の一樋《いちひ》新太郎は快く国師を迎え入れ、心を込めてもてなしました。翌年の冬、国師は京の都を去って降りしきる雪を踏みつつ土佐の国へと向かわれます。その旅の途次にも一樋家に逗留したそうです。

建武二（一三三五）年、天龍寺の住持となられた国師を一樋一族が訪ねます。はるばるやってきた新太郎翁に国師は手彫りの観音像をあたえました。喜んだ翁はその観音像を背負って帰り、屋敷の裏山にお堂を建ててお祀りしたそうです。それが松雲寺創建の由来ということですね。

その後、かろうじて寺運をつないでいた貧しい山寺の松雲寺に不思議な住職が登場します。当山第二十世簡堂純和尚です。この和尚さん、よくわからないのですが、なんだかやたらお金持ちだったようなのです。かなりの田畑を松雲寺のために寄付しているのですね。文政三（一八二〇）年三月付けの土地寄進証文が現在も残されています。天保元（一八三〇）年三月には全国から雲衲《うんのう》（禅宗の修行者）を二百名ほど集めて大会《だいえ》まで開いていています。いったいこの小さな寺の何処に寝泊りしたのでしょう。いまも当時の掛籍《かせき》（木製の名簿）が実際に本堂に残っていますから、近在の寺や神社などを宿所に使わせていただいたのかもしれません。それだけではありません。日本臨済宗の中興の祖といえば白隠慧鶴禅師ですが、その白隠禅師の高弟である東嶺円慈《とうれいえんじ》禅師も『五家参詳要路門《ごけさんしょうようろもん》』という立派な禅の教科書を書いています。実はこの本の出版費用をすべて負担したのが簡堂和尚なのです。わたしの手もとにある和綴じの『五家参詳要路門』の後ろのとびらには、誇らしげに「摂州池田松雲禅寺蔵板」と刷られています。出版に際して東嶺禅師のお弟子さんである大観文珠《たいかんもんじゅ》という和尚さんが跋《ばつ》（書物の終わりに書くあとがき）の中にこのように述べておられます。

今也、松雲主人、五家の要路を徹見する者、実に今時の指南車と為し、乃ち衣資を喜捨し以て上梓して、之を世に共える。庶幾《こいねが》はくは鵠林の門風を扶起せんと欲するものか。其の志以て嘉尚すべし。（原漢文）

『近世禅林僧宝伝』という禅僧の伝記集には大観文珠禅師の法嗣《はっす》（師匠の法統を嗣ぐ弟子）として名前が出ていますから、簡堂和尚もこの山寺でブイブイいわしておられたのでしょう。

ところでその簡堂和尚については悲しい思い出があります。わたしがこの松雲寺に入った頃、送られてくる古書店の目録の中に、『諸録俗語解《しょろくぞくごかい》』という禅語の解説書の写本がリストアップされていました。その写し手がなんと松雲寺簡堂となっていたのです。察するに大観文珠禅師が住職されていた丹波の法常寺というお寺にある『諸録俗語解』を書き写したものに違いない。これは何としても購入しなければと思って値段を見て、思わず目を疑いましたね。高価なのです。現在ならば即座に買えたでしょう。花園大学にお世話になってからは毎月のお給料をいただいていますから。しかし当時のわたしに決まった収入などなく、容易に手を出せる金額ではなかったのです。一晩考えました。買うべきか、買わざるべきか。翌朝、悲壮な決意と共にその古書店に購入希望の電話をしました。店主はあっけらかんと言いましたね。「ああ、あれ出ちゃいました」。貧乏寺の住職の悲哀を存分に味わうとともに、簡堂和尚に申し訳がなくて仕方がなかったものです。

二

ところでわが松雲寺のご開山である夢窓国師、さきほど申し上げた美濃からの行脚の旅の途中でアンビリーバボーな恐怖体験をされたようです。小泉八雲（ラフカディオ・ハーン）の『怪談』の中にあるお話、「食人鬼《じきにんき》」をご存知ですか？　およそこのような内容です。

むかし、夢窓国師という禅家の僧が、美濃の国をひとりで行脚しているとき、道を教えてくれるものもないような山の奥で、道に迷った。やっと一軒の庵を見つけて、ひとりの老僧が住んでいたので一夜の宿を頼んだ。ところがその老僧は木で鼻をくくるように断わって、近くの村里に行くように言う。たどりつくと家が十二、三軒たらず。それでも村長の家に泊めてもらうことになった。夜半に人々の泣き声で目覚めた。そこに男が行灯をさげて部屋に入ってきてこう言い出した。「じつは父親が亡くなりました。これから一同そろって隣村へまいります。この村のならいとして、村に死人が出るとその晩はだれも村にいてはならないことになっています。なきがらを置いていった家では必ず怖ろしいことが起こります。ご出家さまもいっしょにこられたほうがよいと思いますが」。国師は答える。「ご親切かたじけない。そういうことならば愚僧がご遺骸のそばで読経してお守りして進ぜよう」。若い主は喜んで言った。「それはありがとうございます。くれぐれもお気をつけて。明朝もどってからお話をうかがいます」。

やがてみなが出ていったので国師はひとり、遺体の安置してある部屋に行って引導を渡し誦経して坐禅をくんでいた。すると夜もふけた頃、大きなもうろうとしたものが家の中へ入ってきた。その途端に国師は金縛りにあったようになり口がきけなくなった。見ているうちにその形のはっきりしない大きなものは死体を抱え上げたかと思うと、たちまちがりがりとむさぼり食いだした。そのものは死体を食べつくし、お供え物も食べてしまうと音もなく出て行った。

翌朝、村の衆が戻ってきて主が尋ねた。「お坊さま、お案じ申しておりました。おきての通りにいたしますと必ずなきがらとお供えがなくなります。おおかたはご覧になられたと思いますが」。そこで国師は昨夜の出来事を話した。さらに国師は尋ねた。「ときに山向こうのご出家は村の死人の供養はなさらぬのか」。一同はいぶかしげに言う。「あの山には坊さまなどおりませぬが」。国師は村の衆たちがどうやら自分が化かされていると思っている様子なのでそれ以上は何も言わなかった。

けれども国師はいま一度確かめようと山の庵を訪ねてみた。やはり庵はあった。こんどは老僧も国師を中へ招きいれた。そしてこう言い出したのである。「ああ、恥ずかしい。昨夜貴僧の前でかの死体や供物を食ろうたのは拙僧でござる。わしは人肉を食らう食人鬼でござる。どうか話をお聞き下されい。そのむかし、拙僧はこの片田舎でただひとりの僧侶でござった。拙僧がすべての弔いを務めておった。ところがこのわしは引導も読経もただなりわいとのみ繰り返し、心に思うはこの浄行によって得られる衣食のことのみでござった。この我利私欲の妄念ゆえに、わしは世を去るや否やたちまち食人鬼に化しましたのじゃ。それ以来、この村に死人があれば必ずその死骸を食らわねばならぬ因果に落ちましたのじゃ。どうか貴僧の祈祷によってこの悪因縁の世界より成仏えさせたまえ」。

そう言いおわるが否や、老僧のすがたは忽然としてかき消えた。庵も消えた。卒然として醒めてみれば、夢窓国師は、丈なす葎《むぐら》のなか、だれやらが僧の墓とおぼしい、苔むした古い五輪の塔のかたわらに、ただひとり、端然と跪坐《きざ》していたのである。


もちろんこの話は小泉八雲によるフィクションですね。おそらく作品の虚構性に真実味を持たせるために、夢窓国師という実在の禅僧をモデルとして登場させたのでしょう。言うまでもなく作品のベースとなった昔話のようなものはあったでしょう。十八世紀の初めに出版された『和語連殊集』という書物に原話が収められているという研究発表もあるようです。しかしなぜ夢窓国師なのか。それはもしかすると国師がきわめて広範囲に行脚の旅をされた方だったからかもしれません。およそ日本の仏教史に名を残す高僧、傑僧はとにかくよく歩いています。交通機関発達していなかった当時、二本の足だけをたよりに全国津々浦々を移動しています。その中でも特に夢窓国師の活動範囲は広いようです。

建治元（一二七五）年に伊勢の国に生まれてから四歳のときに甲斐に移ったのを手始めに、南都東大寺で受戒し京都建仁寺で修行、つぎに鎌倉円覚寺を訪ねています。その後奥州におもむき、鎌倉に戻り、そこから那須の雲巌寺へ。ふたたび鎌倉から甲斐の浄居寺、三十三歳になってまた鎌倉に滞在しておられます。それからは西へ向かって美濃、京都、阿波から土佐の五台山。北条執権に呼ばれてまた鎌倉、そこから横須賀の泊船庵、さらに上総の退耕庵にとどまったのが五十歳のときです。「七朝帝師」として本格的に活動されるのはむしろこの後であって、これまで以上に伊勢へ、熊野へ、那智へ、また鎌倉、京都と歩を移しておられます。そんなところから夢窓国師なら行脚の旅の道中にいろいろ不思議な経験をしたであろうということになったのでしょうか。

三

そのようにいわゆる怪奇譚に旅の僧が登場する例は少なくないのですが、やはり何と言ってもひときわ傑出している作品は上田秋成の『雨月物語』に収められている「青頭巾」だと思います。「食人鬼」はいわば寺院批判、あるいは僧侶の堕落を戒める教訓物語という側面が強いようです。それだけに文学作品としての底の浅さは否めません。昔も今も、人間は誰もみなコンプレックスを抱えて生きています。それはどのように解消されるでしょう。身近な権威を取り上げ、誹謗中傷することによって鬱屈した思いをはらし、カタルシスを得るのが一番手っ取り早い方法です。その対象が時には為政者となり宗教家となるのでしょうね。しかし「青頭巾」をそのような方向から読むことはかえってこの傑作を矮小化してしまうでしょう。すでにお読みになられた方も多いでしょうが、このようなお話でした。

いまはむかし、諸国遍歴の禅僧がいた。下野《しもつけ》の国に至ったとき、村人に山の鬼と間違えられる。勘違いがわかって泊めてもらった家で不思議な話を聞かされる。近くの山寺にある徳の高い僧侶がいたのだが、越後の国へ出向いて帰ってきたときに美しい童子を連れていた。帰山してからの僧はその童子と爛れた愛欲の日々を送るようになった。ところがその童子が不意の病で死んでしまってからは、鬼となって里の人々を襲うようになったのである。村人の困っている様子を見た禅僧はその鬼を悔い改めさせようとする。山寺に入った禅僧はその鬼に本来の仏心に帰るための一句を授ける。あくる年、ふたたび山寺を訪ねた禅僧が見たのは、荒れた草むらの中に影のようにやせこけて、ひたすら与えられた一句をつぶやいている僧の変わり果てた姿であった。禅僧が手にした杖で僧を打つとそこには以前に与えた青い頭巾と骨だけが残った。そこで村人たちは禅僧の徳を称えてその地に新しく寺を建てたという。

この作品では快庵《かいあん》妙慶《みょうけい》禅師（一四二二〜一四九三）という実在の曹洞宗の和尚さんが出てこら

れます。「食人鬼」と同じくもう一人の僧侶が登場するのですが、こちらのほうは、その性格設定が生々《なまなま》しく人間的であるといってよいかもしれません。高僧が身の回りの世話をしてくれる蠱《こ》惑的《わくてき》な美少年と愛欲煩悩の世界に堕ち、さらにはその童子に死なれてしまうという設定ですね。この高僧が死んだ美少年を愛撫する様子は、ネクロフィリア（屍姦）を活写して越格の名文です。一説ではこの箇所にはオリジナルの作品（『艶道通鑑』）があるそうですが、上田秋成の鬼気迫る筆致は冴えに冴えていると言うべきでしょう。

　ふところの璧《たま》をうばはれ、挿頭《かざし》の花を嵐にさそはれしおもひ、泣くに涙なく、叫ぶに聲なく、あまりに歎かせたまふまゝに、火に焼、土に葬る事をもせで、瞼《かほ》に瞼をもたせ、手に手をとりくみて日を經給ふが、終に心神《こころ》みだれ、生《いき》てありし日に違はず戯れつゝも、其肉の腐り爛《ただ》るを吝《おし》みて、肉を吸《すい》骨を嘗《なめ》て、はた喫《くら》ひつくしぬ。

　この作品では、さらに愛欲に狂い畜生道に堕ちてしまったこの高僧をすくうために、『証道《しょうどう》歌《か》』という禅の古典の一節、「江月《こうげつ》照《てらし》 松風《しょうふう》吹《ふく》、永夜《えいや》清宵《せいしょう》 何所為《なんのしょいぞ》」という一句を公案《こうあん》（悟りにいたるための禅の問題）として与える快庵禅師の姿が描かれています。

　物語はさらに続きますね。一年後、ふたたびその高僧を訪ねた快庵禅師の目に映ったのは、影のようにやせ衰え、髪も髭も野草とからみあうほどになって、なおも細い声で「こうげつてらし……」とつぶやきながら坐禅をくんでいる幽鬼のような僧の姿でした。

さてかの僧を座《お》らしめたる簀子《すのこ》のほとりをもとむるに、影のやうなる人の、僧俗ともわからぬまでに髭髪《ひげかみ》もみだれしに、葎《むぐら》むすぼふれ、尾花おしなみたるなかに、蚊の鳴ばかりのほそき音《こゑ》して、物とも聞えぬやうにまれ〳〵唱ふるを聞けば、

江月照松風吹《こうげつてらしせうふうふく》　永夜清宵何所爲《えいやせいしょうなんのしょゐぞ》

いかがでしょう。秋成は、決して得ることのできない美貌の童子との永遠の愛を求めようとした高僧の姿と、幽鬼のようになってなお自己一身の解脱を求めて得られないでいる同じ高僧の姿を意図的に対比させようとしているのではないでしょうか。愛を求めるということも悟りを求めるということも、求めるということに於いては何も変わりはない。求めずにはいられないのが人間の業であり、求めて得られないのもやはり人間の業なのではないか。

この物語は快庵禅師の法力を褒め称えて一篇が結ばれています。

禪師の大徳雲《くも》の裏海《うらうみ》の外《ほか》にも聞えて、「初祖の肉いまだ乾かず」とぞ稱歎《しょうたん》しけるとなり。

しかし、秋成の憐憫と感情移入はむしろこのあまりに人間らしく生き、幽鬼のようになってはかなく消えていった高僧にこそ注がれていると思えてなりません。みなさんはどのように思われますか？

哀愁のアムステルダム

一

平成十四年十一月五日から翌年の十二月六日まで、京都新聞夕刊の毎週火曜日の紙面に短いコラムを連載させていただいたことがあります。ありがたいことに禅文化研究所ではそれをまとめて単行本として世に出してくださいました。その出版に際して、わたしはあとがきに次のように記しています。

さてここで、オランダから届いた一通の訃報を紹介しなければいけません。本文にも登場する、オランダのズンデルト修道院のブラザー、セフルス・ラティマイヤー修道士が本年一月十六日、八十四年の生涯を終えて天に召されました。彼は、全能の神がほんとうに創造主と呼ばれるに足る資質を備えているかを問われる被造物でした。先天的な重度の身体障害者だったのです。

彼が一人で普通の社会生活を営むことは、ほぼ不可能でした。修道士として生きるしか道は無かったのでしょう。彼は自分をこのような姿に造った、その造り主にもっとも近い場所で生きざるを得なかったのです。神とは、時に残酷なことをなさる方なのですね。

しかし、彼は八十四年の長い人生を行きぬいてみせました。彼はひたすら神に仕え続けていたのでしょうか。それとも、神の意図を問い続けていたのでしょうか。最後に彼に会った時、自分の人生はすばらしいものであったと気負いも無く淡々と語っていました。そして別れ際に自分が死んだら必ず君に報せると言ったのです。

彼はわたしにとってのイエス・キリストでした。ズンデルトの雪がとける頃、わたしは彼との約束を果たしに行かなければなりません。彼の墓標の前で般若心経を唱えるのです。

平成十六年一月二十四日

あれから一年余りの日々が過ぎました。オランダの長く暗い冬の雪も融けた頃、今年の三月二十日にズンデルト修道院を訪ねることができました。

到着の翌日、定時のミサが終わった後でさっそく彼の待っている墓苑にお参りしました。手の空いている修道士たちが一緒に参列してくれます。お墓の前に日本から持ってきた鼓月の最中《もなか》をお供えして、ローソクと松栄堂の線香に火をつけます。日本に何度も来ているブラザー・ジェフはローマ字で書かれたお経の本を持っていました。おもむろに引磬《いんきん》を打って、読経を始めてしばらくのことです。ジェフの声が途切れてしまいました。

彼は声を殺して泣いていたのです。ジェフは三宝教団系の室内の修行を済ませたとされており、カトリックの修道士というよりも、むしろ禅僧のような感じのする豪放な性格の人物です。二十年来の知己ですが、彼の涙をはじめて見ました。

隣りに立っていたブラザー・フランツもハンカチを顔に押しあてて嗚咽し始めました。ブラザー・ヨゼフも涙を流しています。ブラザー・エドモンドも泣き出しました。最後はみんな泣きました。ブラザー・セフルスは何と幸せな人なのでしょう。彼がどれだけ兄弟たちに愛されていたかがよくわかります。あとから聞いたところでは実に盛大な葬儀で、参列者もたくさん集まったそうです。ブラザー・セフルスは、きっと胸を張って天国への階段を上っていったに違いありません。

ところで、三月にオランダに行った主な目的は、アムステルダム自由大学での学会に出席するためでした。今年の春はどういうわけか海外出張が続いたのです。五月にはデュッセルドルフで坐禅会がありました。四月の国立メキシコ大学のシンポジウムがキャンセルにならなければ、まるで空飛ぶ商社マンのような日々だったことでしょう。

アムステルダムでは得がたい経験をさせていただきました。大学に到着した夜のことです。お嬢さんが同志社大学に留学していた自由大学のハンク・フロム教授が、同じホテルに滞在する参加者を募って夕食に招待してくれました。ホテルは学会の開かれる王立熱帯博物館に隣接しています。そこからレストランに向かう途中の公園で、教授がいきなり身振り手振りを交えて、わたしたちに一所懸命に説明を始めました。何事ならんと聞いていると、わたしたちの立っているこの場所は昨年の十一月二日午前九時頃、映画監督のテオ・ヴァン・ゴッホ氏が殺害された場所だというのです。

この名前でおわかりのように、有名な画家ゴッホの遠縁の孫にあたる氏は、「サブミッション」(服従)という映画を製作公開して、イスラム過激派の人々の反感を買ってしまったのだそうです。暗殺の脅迫を受けていたそうですが、それが現実に起こってしまったのですね。氏はここで刺された上、逃げていくところを射殺されたということでした。

もともとオランダはヨーロッパの中でも、最も外国人に寛大な国だと言われていました。ところが、この暗殺事件があった翌日から、キリスト教の極右勢力と一部のイスラム教徒との対立が激しくなってきたのだそうです。イスラム系の小学校やモスクへの放火が続き、あるいは報復と思われる教会への放火というような事件が二十件以上も起こっているということです。

宗教が原因となってわたしたちが互いに憎み合い、果ては殺し合うというようなことはあってはならないはずなのですが、現実はまったく逆です。異なった宗教にも本来分かち合える部分はたくさんあると思うのですが、そのようなところを手がかりになんとか相互の理解と対話が進められないものでしょうか。

今回みなさんと一緒に考えてみたいのは、世界の多くの宗教に共通して見られる「痴愚神」、「聖なる愚者」、「癒しの道化者」などと呼ばれる存在です。

二

アナトール・フランス（一八四四～一九二四）の短編集に、「聖母と軽業師」という珠玉の掌編があります。

ルイ王のころ、フランスにバルナベという貧しい軽業師《かるわざし》がいました。毎日のように市場にやってきて、人々の前でさまざまな曲芸を見世物にして日々を暮らしていました。軽業が見事に決まると見物人からは拍手とともに銅貨や銀貨が投げられました。正直者のバルナベはお酒が大好きでした。でも決して度を越すようなことはありません。寡黙で信心深い彼は聖母マリアを心から慕っていたのです。教会ではいつも御母像の前にひざまずいて祈りを捧げていました。

ある雨の日の夕方、彼はひとりの修道僧と出会います。彼の聖母への思いを聞いた僧は修道院に入門するように勧めました。なんとバルナベは晴れて修道僧となったのです。彼が入った修道院では僧たちがみな神から授かった智識と才能をもって聖母に奉仕していました。修道院長はスコラ派神学の法則で御母の徳を論じていました。美しい聖母の絵画を描く僧もいました。後光に取り巻かれた聖母の姿を彫刻に刻む僧もいました。ある僧は聖母の奇蹟をラテン語の詩に歌い上げました。

バルナベはそれらを目の当たりにして、自分の無学さを歎きました。修道院の中庭でひとり溜め息を吐いていました。わたしには聖母様にお仕えし、称えるものが何も無い。そんな日が幾日も続いたある日の朝のことです。彼は元気に目を覚ますと一目散に礼拝堂に走って行って、一時間以上もそこにいました。昼食の後にもお御堂へ引き返して行きました。その時以来、バルナベは毎日人影のない時刻を見計らっては礼拝堂に出かけて行ったのです。

その奇妙な行動はほかの修道僧たちの好奇心をそそりました。彼はいったい何をしているのか。修道院長はすべての修道僧の行いを承知していることが義務だったので、ひそかに彼の様子を窺ってみることにしました。

ある日、バルナベがいつものように礼拝堂に閉じこもると、院長は古参の修道僧二人をともなって、中でどんな事が始まるのか扉のすき間からのぞいて見ました。するとバルナベは聖母の祭壇の前でトンボをきり、ナイフや皿を使ってさかんに得意の曲芸をしているのです。かつて彼が街頭で拍手喝采を浴びていた軽業を御母のために行っていたのです。

二人の僧は神をも恐れぬ冒涜の振る舞いであると怒りました。院長はバルナベが狂ってしまったのだと考えました。三人が彼を礼拝堂から引きずり出そうとしたその時です。祭壇から聖母がしずしずと降りて来られて、バルナベの額に流れている汗を、青いマントでお拭いになったのです。

院長は床の敷石に顔を伏せて唱えました。「心貧しき者は幸いなり。かれらは神を見るべければなり！」「アーメン！」と古参僧たちは地面に伏して答えました。


中世ヨーロッパの奇蹟物語、ゴーティエ・ド・コワンシーの『聖母の奇蹟』に「老いた旅芸人の話」という一章があるそうです。旅に疲れて僧院に身を寄せたものの、生い立ちが生い立ちゆえ、祈るすべも、歌うすべも知らない。しかし、何か聖母をお慰め申し上げる法はないものか。そこで、深夜、祭壇の前でとんぼ返りを始めます。「卑しい奉仕を、おさげすみ下さいますな。心優しいお妃さま」。たちまち、僧院内のスキャンダルとなるのですが、しかし聖母は必死の芸を嘉納あらせられた、というストーリーです。民衆のあいだでは、人は自分にできることをやればよいのだという教訓話として伝えられていたようですね。アナトール・フランスはこれに材を得て、先に紹介した内容の美しい短編を書いたとされています。

「心貧しき者は幸いなり」というよく知られた一節については、駒澤大学の奈良康明先生がこのようなことを書いておられます。

『バイブル』に「心貧しきものは幸せなり」という表現がある。貧しきものは幸せなり、というのなら判る。道元禅師にも「学道はすべからく貧なるべし」という言葉があり、宗教的真実を求める者の自我欲望を抑制した清貧の生活を象徴的に示すものであろう。しかし、心が貧しいとどうして幸せなのだろうか。

ある時、先月号にも触れた押田成人《おしだしげと》神父が、これは誤訳で、「息の砕けし者は幸せなり」とすべきだと書かれていたものを読んだ。神父とは「禅とキリスト教懇談会」という小さな対話集会でお会いしているものだから、直接、その意味を訊ねたことがある。いろいろ伺っているうちに、自我が崩壊し、ハカライを捨てて神にすべてをお任せできる時、という意味であることがはっきりした。

（『在家仏教』二〇〇四年三月号）

ところで、いかがでしょう。みなさんの中には、「聖母と軽業師」の話を読まれると例の有名な映画を思い出される方も多いのではないでしょうか。そう、『けがれなきいたずら』です。

スペインの小さな村の修道院に拾われた男の赤ん坊がいました。その日の守護聖人にちなんでマルセリーノと名づけられます。男の子はすくすくと元気に育ち、すっかり修道院のアイドルになりました。マルセリーノにとって不思議なのは他の子供たちには母親がいるのに、自分にはいないことです。それを質問するたびに修道僧たちは、空の上にいると言うのですが、いくら空を見上げても母親の姿はありません。

修道院の屋根裏部屋に入るのは禁じられていましたが、修道僧たちのいないとき、マルセリーノはこっそり扉を開けて入ってみました。するとそこには十字架にはりつけにされた大男（イエス・キリストですね。）がいました。マルセリーノはびっくりして逃げ出しますが、友達もいなくさみしいので、数日後にふたたびその屋根裏部屋に入ります。

大男はとてもやせていて顔色も悪いので、マルセリーノはこっそり食べ物を持ち出して届けます。大男は十字架から手を伸ばしてそれを食べます。こうして大男とマルセリーノとの交流が始まりました。

いたずらざかりのマルセリーノが急におとなしくなったこと、いつも十三人分（この人数の意味はおわかりでしょう。）用意している食事が一人分なくなること、それを不審に思った修道僧たちはマルセリーノを見張ってその理由をつきとめます。

驚いたことに、屋根裏部屋でマルセリーノがキリストと話をしているのです。マルセリーノはキリストからお礼に願い事を一つかなえてあげると言われます。マルセリーノの願いはただ一つ。お母さんに会いたいということです。こうしてマルセリーノは母親のいる天に召されたのでした。

世界中の言葉に翻訳されて大人から子供たちに愛され、映画にもなったこの物語。亡くなった淀川長治さんは、「この映画をどう見たらよいのか。一所懸命に僧院を建てようとした坊さんたちを神様が見てマルセリーノを与えた。五歳になるまで可愛がるようにさせて、もういいだろうと判断して神様の世界に戻した。この子は神の使いだったと思うと味わいのある映画になります」と語っていたそうです。いわば愛しき者の昇天という不条理を神の愛として描こうとしているのかもしれませんね。

ところで、わたしは初めて「聖母と軽業師」を読んだ時、まったく別の話を連想しました。それは、中国の唐の時代の普化《ふけ》（生没年未詳）という禅僧の逸話です。

三

師は将《まさ》に順世せんとして衆に告げて曰く、人の吾が真《すがた》を邈《かたど》り得るもの有りや。衆皆な写し得たる真を将《もっ》て師に呈す。師は皆な之を打つ。弟子普化出でて曰く、某甲《それがし》邈り得たり。師曰く、何ぞ老僧に呈似《ていじ》せざる。普化は乃《そこ》で筋斗《とんぼがえり》を打《し》て出づ。師曰く、這の漢、向後《のち》に風狂《ふうきょう》の如くにして人を接《みちび》き去らん。

（『景徳伝灯録』巻七）

普化のお師匠さんである盤山宝積《ばんざんほうじゃく》禅師（生没年未詳）がまさに亡くなるというときのお話です。みずからの死期を悟った盤山禅師がまわりに集まってきたお弟子さんたちに言いました。「誰かわたしの本当の姿を描けるかね？」ちゃんと頂相《ちんそう》を、遺影を残すことができるかと言わんばかりですね。弟子たちはそれぞれ禅師の肖像画を紙に描いて差し出します。しかし、どれもこれもまったく似ていないとばかりに、お弟子さんたちは片っぱしから棒で打たれてしまいました。その時、普化が進み出て言いました。「わたしがちゃんと描くことができました」。盤山禅師はおっしゃいます。「ならば見せてみなさい」。普化はその場でくるりとトンボをきって見せました。禅師は喜んで言いました。「この男は将来、型破りなやり方で人々を導くであろう」。

普化がトンボをきったのは、紙に描かれたような肖像画に師匠の生き血は流れていないと言いたかったのかもしれません。あるいは師匠から学んだ禅の真髄は、既成の常識をくるりと百八十度ひっくり返したところにあると言いたかったのかもしれません。そして、盤山禅師は普化の振る舞いを「風狂」と呼んで認めました。

「風狂」、あるいは「風顛漢《ふうてんかん》」（常規を逸した行動をする人）は禅では親しみを込めて相手を認める言葉でもあるようです。「潜行密用《せんぎょうみつゆう》、如愚如魯《ぐのごとくろのごとし》」（けっして目立たないようにかつ着実に仏道を行じ、周囲からはまるで愚者のごとくに見えるようでなければならない。『宝鏡三昧』）とも言われます。頓知で知られる一休さんも「風狂」の人でしょうし、良寛さんは「大愚」と名乗りました。そういえば親鸞上人も「愚禿《ぐとく》」（愚かなはげ頭）と自称されましたね。

ヒデリノトキハナミダヲナガシ
サムサノナツハオロオロアルキ
ミンナニデクノボートヨバレ
ホメラレモセズ

クニモサレズ
サウイフモノニ
ワタシハナリタイ

宮沢賢治も「雨ニモマケズ」の最後をこのように締めくくりました。ではバルナベのトンボと普化のトンボ、どこが同じでどこが違うか、少し比べたくなりませんか。

バルナベのトンボ返りには、一途なひたむきさが感じられます。それに引き換え、普化のトンボ返りには冷笑を含んでいるような余裕のパフォーマンスという印象がありませんか。あるいはもしわたしがその場にいたとしたら、バルナベのトンボを見ているうちに涙ぐんでしまうと思います。一方で普化のトンボには思わず笑ってしまうのではないでしょうか。両者は同じようで、やはり何かしら違っていますよね。

そもそも禅とは本来、根源的な自由そのものであり、「修行」ということすら余計なものでした。それがいつの頃からでしょう。その「修行」がさらに「修養」に変化してしまったような気がします。

人格を陶冶し根性を鍛える。かつての軍国禅やその名残りの企業研修禅ですね。それが昨今は「修養」からついに「教養」に成り下がってしまったという感すらします。しかし禅にはやはり、小智は菩提《ぼだい》（悟り、悟りの智慧）の妨げとでも言うような、小賢しさを圧倒的に凌駕する大地性というべきものが具わっていると思います。

その一方でキリスト教では、神は愚者としてその姿を現わすというそうです（ピーター・バーガー『癒しとしての笑い』）。ときに裸になって幼児性を見せたり、わざと罪を犯して世間知の無能さをさらしたり、あるいは放浪者の形をとることもあるようです。それはけっして常識を覆したり法律を破ることではなく、「高慢」こそが人間の最大の罪であることを示すのだそうです。

信仰の立場から見れば、愚者は、わたしたちが日常の生活で意識している経験的な世界から真理の世界へと超えていく前奏曲を奏でてくれているのでしょう。つまり、かれらは相対的世界と絶対的現実、人間の世界と神や仏の世界の交差点に立って手招きをしているに違いありません。いわば此岸（迷いの世界）と彼岸（悟りの世界）の渡し守ですね。愚者の狂気は、わたしたちが安住しきっている普段の生活の危うさや脆さ、不確かさをあばき立ててくれるのです。

教団や宗派というようなものは世俗世界の産物にすぎません。聖なる愚者の目から見れば、つかの間の幻想にすぎないでしょう。そのようなかりそめの権威に執着して互いに争いあうような宗教者は、逆にかれらに笑われ、なんという愚か者かと馬鹿にされるのではないでしょうか。

不干斎巴鼻庵

一

海にはそれぞれの色があると思います。少年時代を過ごした瀬戸内の海は、いつもやさしいパステル・カラーの薄縹を陽光に煌めかせていました。

天龍僧堂にいた頃、丹後半島にある知り合いのお寺の毘沙門堂を借りて独摂心《どくぜっしん》（一定の期間、煎り米を持参して一人で山に籠る坐禅三昧の行）を行なったことがあります。一週間の山籠りの後、京都に帰る山陰線の列車の窓から見た冬の日本海の色も忘れられません。まるでプルシアン・ブルーのインクを泡立てたような印象的な群青色でした。

一昨年、長崎県外海町にある遠藤周作文学館を訪れる機会がありました。文学館のテラスから一望できる五島灘は、紺碧の翡翠を溶かしたような美しい大海原だったことを憶えています。

少し離れた丘には、代表作である『沈黙』の碑がありましたね。「人間がこんなに哀しいのに主よ、海があまりに碧いのです」という遠藤氏の言葉が彫られています。氏の大胆なキリスト教の解釈に憤慨した読者でしょうか、誰かが石碑に青いペンキをかけるという事件もあったそうです。

ところで、みなさんは「碧血《へきけつ》」という言葉をご存知でしょうか。「孤忠は既に丹心を明らかにするに足る、三年にして猶須らく碧血に化すべし」と中国の詩人に歌われました。もともとは『荘子』外物篇に出てきますね。「伍員《ごうん》は江に流され、萇弘《ちょうこう》は蜀《しょく》に死し、其の血を蔵すること三年にして、化して碧と為る」。伍員という人は〔呉王に忠誠をつくしながら〕屍体を長江に棄てられ、萇弘という人は〔周のために働きながら〕蜀の地に流されて死んだ。〔蜀の人が同情して〕その血をしまっておいたが、三年たつとその忠誠心のために血の色が碧色になったという故事です。

呑み込まれそうになるくらい神秘的なエメラルド色の海を前にしたとき思ったものです。もしかするとキリスト教に殉じて死んでいった人たちの流した紅い血の色が、紺碧の海の色に変化したのかもしれないと。

そのように命がけの殉教を選んだ人たちがいれば、一方で信仰を棄ててしまった人たちがいたことも事実です。今回はそのような「背教者」と烙印を押された人たちの中から不干ファビアン〔あるいはハビアン〕という人物を採り上げてみたいと思います。もしかするとこのファビアンという人は、神の愛に生きるより、むしろ人間の愛に生きる道を選んだのかもしれません。あるいはイエス・キリストにこそ殉じませんでしたが、自分自身には殉じたのかもしれないのです。

では彼の魂の遍歴を辿り、心の軌跡を訪ねてみましょう。

二

聖名Fucan Fabian、不干斎巴鼻庵《ふかんさいはびあん》とも名乗るファビアン（一五六五〜一六二一）は、本名がわかっていません。イエズス会の書簡集及び名簿などの記録によれば、永禄八（一五六五）年に京都あるいは畿内で生まれたとされています。別に加賀あるいは越中の出身であるという説もあるようですね。母親は霊名をジョアンナといい、豊臣秀吉の正室である北政所《きたのまんどころ》の侍女であったといわれます。天正十一（一五八三）年にこの母親と一緒に洗礼を受けて高槻にあったセミナリヨ（イエズス会の設立した司祭の養成のための予備教育機関）に入学しています。

それ以前の彼は、京都の大徳寺で禅僧として修行の日々を送っていました。僧名は恵春または恵俊と伝えられます。セミナリヨ入学の際の記録には、彼が「小さな寺院」を所持していたとありますから、一箇寺の住職としての立場にあったのかもしれません。

このファビアンがキリスト教に改宗した頃の大徳寺は、本能寺の変で横死した織田信長の葬礼で導師を勤めた笑嶺宗訢《しょうれいそうきん》（一四九〇〜一五六八）、その門下の古渓宗陳《こけいそうちん》（一五三二〜一五九七）、さらに沢庵和尚の師匠にあたる一凍紹滴《いっとうじょうてき》（一五三九〜一六一二）らの高僧を輩出する黄金時代を迎えていました。時の権力者である豊臣秀吉をはじめとする戦国大名、経済力を備えた堺や博多の町人衆、そして千利休（一五二二〜一五九一）門下の茶人、および連歌師や能楽師など当時の文化人たちの帰依を受けていたのですね。

しかし、光があれば影があります。それらの文化人と称されるような人々の知的好奇心を満たすため、あるいは権力を手にした人々の自尊心をかなえるために、安易な付法が行なわれました。つまり永代供養田の寄進や寺院の建立と引き換えに、仏法を売ったわけでしょう。すでに一《いっ》休宗純《きゅうそうじゅん》（一三九四〜一四八一）が兄弟子の養叟宗頤《ようそうそうい》（一三七六〜一四五八）を槍玉に挙げて、その頃の大徳寺の世俗化を激しく非難したことはよく知られていますね。先に名前を挙げた高僧たちは皆、その養叟禅師の法系に連なる方々なのです。

そのように法を売る際に用いられたのが、「密参録《みっさんろく》」といわれる秘伝書です。臨済宗で用いられる公案（禅の問題）に対する答えや解説を書き記した虎の巻ですね。話は前後しますが、ファビアンが著したとされる『妙貞問答《みょうていもんどう》』というキリスト教護教書があります。その中で彼は当時の日本仏教の各宗を論破しています。臨済宗を論じる箇所では、本来は秘密にしておくべきである大徳寺伝来の「密参録」の一部を暴露しています。

ちなみに鈴木大拙博士は「日本禅思想史の一断面」という論文の中で大徳寺系の「密参録」を紹介しておられますが、そこにはファビアンが引用したものとほぼ同じ内容の文章を見ることができます。

ファビアンの筆鋒は鋭く、師から弟子へと大切に伝授されていると称する仏法も、実はこういうものに過ぎないといわんばかりの論調です。ただし興味深いことに、排仏書としては徹頭徹尾、仏教の悪口や僧侶の批判が書かれる書物であるはずなのに、一休禅師だけは褒めているのです。「サスガニ発明ノ僧ニテ侍シト覚タリ」と賞賛しています。「一休さん」はその頃から人々に広く人気があったのでしょうか。原稿を検閲したであろうイエズス会の上司がよく見逃したものですね。

さてファビアンは天正十四（一五八六）年に正式にイエズス会に入会してイルマン（「兄弟」の意。司祭に叙階されない修道士を指す）となり、大阪のセミナリヨに移って、ラテン語や音楽を学びました。ところが翌年の七月に、秀吉の伴天連追放令が出されます。以後の彼は、肥前から長崎、有馬から加津佐と移動を重ね、文禄元（一五九二）年四月に天草のコレジヨ（イエズス会員の養成機関）で二十七歳にして日本人イルマンのための日本語教師になっています。同じ年、キリシタン文学として知られる天草版『平家物語』の口語訳編纂を完成させていますね。これは外国人パードレ（「父」の意。司祭、神父を指す）のための日本語および日本文化の教科書的な性格を持つ書物ですから、彼の天賦の文才と該博な知識が宣教師たちにも一目を置かれるものであったことがわかります。

さらに翌年に『伊曽保物語』（イソップものがたり）や『金句集』を編纂した彼は、慶長八（一六〇三）年に抜擢されて京都に派遣され、仏僧を相手とした宗論（教義論争）の場で「優秀な説教師」として活躍しています。慶長十（一六〇五）年、四十歳になったファビアンは、先に紹介した『妙貞問答』を著します。この『妙貞問答』は、下京の女子修道会に集まる高貴な女性や未亡人のために書かれたと考えられています。妙秀《みょうしゅう》という関ヶ原の戦いで討ち死にした武将の未亡人と、幽《ゆう》貞《てい》という尼僧の架空の二人による対話形式をとっているのですね。幽貞が、キリスト教が仏教に比べていかに合理的で優れた宗教であるかを説いて聞かせるという構成になっています。いわばキリシタン版仮名法語ともいえるこの書は、筆写はされたものの出版はされなかったようです。

慶長十一（一六〇六）年には彼が、前年に二条城で徳川家康と謁見した新進気鋭の朱子学者である林羅山（一五八三〜一六五七）と論争したという記録も残っています。さらに博多で執り行なわれたキリシタン大名黒田如水《くろだじょすい》の三回忌法要の追悼ミサに派遣されて記念の説教をしています。この頃が彼の人生の世俗的な頂点の時期だったのかもしれませんね。

さてその翌年の十月に作成された「イエズス会名簿」には、彼の名前がまちがいなく記載されています。しかし慶長十三（一六〇八）年、四十三歳になったファビアンは、下京の女子修道院にいた一人のベアータ（聖女の意。独身誓願の修道女）とともにイエズス会を脱会、キリスト教を棄教しているのです。その後、枚方や奈良、さらに大阪に住む父親の住居などを転々としています。慶長十七（一六一二）年には、博多で道行きを共にした女性と同棲生活をしているという記録が残されています。

じつは同じ記録には、イエズス会での直属の上司であったモレホン神父がファビアンからイエズス会を忌憚なく批判した手紙を受け取ったという記述があります。その手紙こそが今も謎とされる彼の脱会、棄教の本当の動機を明らかにしてくれるのでしょうが、いまだに発見されていません。

そして、この年の八月には徳川幕府直轄領でのキリシタン信教が禁止され、さらに慶長十九（一六一四）年には日本全国にキリシタン禁教令が通達されたのです。これ以降、ファビアンは江戸と長崎を往復する生活をしながら、幕府のキリシタン取締りに協力するという日々を過ごしています。

さらに元和六（一六二〇）年に彼の書いたもう一つの代表的な著作である排耶書（キリシタン邪宗門観による排斥を趣旨とする書物）『破提宇子《はだいうす》』が出版されるのです。この『破提宇子』は将軍徳川秀忠への献上本でした。この書は後になって刊行されたさまざまな反キリシタン文書に大きな影響を及ぼし、キリスト教排斥の理論的な根拠を与えました。さらにはキリシタンによる奪国論への警鐘、イエズス会に対する容赦の無い内部告発も含まれています。だから宣教師たちに「地獄のペスト」と呼ばれるほどの脅威とされたようです。もっとも恐れられたのは、翻訳されて中国に持ち込まれることだったとも言われていますね。

そんな彼の最後はどのようなものであったのでしょうか。イエズス会士の一六二一年三月十六日付書簡に、「背教者ファビアンは当地（長崎）において死に瀕しています」と記述されているところから、おそらく元和七（一六二一）年の三月頃、五十六歳で息を引き取ったのだろうと考えられています。

三

現在までに発見されている資料をつなぎ合わせれば、ファビアンの生涯はおよそ以上のようなものではなかったかということになります。いわば波乱万丈の人生を歩んだ人物ですね。ですから宗教家や研究者などさまざまな人たちから多種多様な評価が与えられています。ではそのいくつかを紹介しましょう。まずキリスト者の立場からは、言うまでもなく辛辣かつ冷酷な評価が下されます。カトリック作家である三浦朱門《みうらしゅもん》氏（一九二六〜二〇一七）は言います。

ファビアンがキリスト教を棄てたのは当然であろう。そもそも最初から、キリスト教信者ではなかったのかもしれない。彼は在来の思想、わけても仏教に対する反逆者であって、キリスト教徒ではなかったのだ。十九歳の時に入信して、四十二、三歳の時に教えをすてた、と考えると、このようなケースは今日でもわが国に見られるのではないだろうか。ハイティーンのころは、左傾したり、西欧の食物、芸術、風俗にあこがれる。やがておとなになるにつれて、伝統的な思想、好みにもどり、四十歳をすぎるとすっかり、保守的になる人々を、私たちは身のまわりに容易に発見できるであろう。こういう日本のエセインテリの先祖であるファビアン不干斎は『破提宇子』一巻を残して、歴史の流れの底に沈んでゆく。彼の晩年を知る人は誰もいない。

（『キリシタン時代の知識人』）

「エセインテリ」とはずいぶんな言い方ですね。よほどファビアンのことが許せなかったのでしょうね。

彼の生きた十六世紀頃の日本は、群雄割拠の戦国時代から織豊政権を経て、徳川幕府による全国統一にいたる過渡期にありました。それは同時に、旧来の仏教が国家の指導原理としての地位を失う、社会の「世俗化」の時代でもありました。形骸化した仏教に代わって権力構造を支えるのは、社会原理としての朱子学だったのです。

近世儒学の祖である藤原惺窩《ふじわらせいか》（一五六一〜一六一九）は相国寺、その後継者でファビアンと討論を交わした林羅山は建仁寺、さらに山崎闇斎《やまざきあんさい》（一六一九〜一六八二）は妙心寺と、彼ら儒学者たちはもともと京都五山で学問を修めたか、臨済宗の禅僧でした。そしてファビアンも大徳寺の禅僧でした。朱子学を選んだ惺窩たちは「エセ」でない「インテリ」として時流に乗れたのでしょう。しかし、国家原理が仏教から朱子学へ移行する間のわずかな空白期にたまたま偶然に日本に持ち込まれた新しいイデオロギー、それがキリスト教でした。ファビアンはその新奇な輝きに眩惑させられたのでしょう。結果としてもとは同じく禅僧でありながら「エセインテリ」としてあまりに対照的な人生を送ることになったのかもしれませんね。では次に、国際基督教大学教授として海老沢有道氏（一九一〇〜一九九二）はこのように語っています。

ハビアン自体、宗教的人間であり得ず、恩寵・救贖において体験的信仰の把握がなく、三位一体にすら言及がなく、いわば口頭禅的なものにすぎなかったと認められ、転向後の『破提宇子』（一六二〇年刊）において、「ゼスキリシトモ因位ノ処ハ、本ヨリ人間」と、受肉・神性を理解することなく法身の応化と同視している。

（『日本キリスト教史』）

たしかに『妙貞問答』や『破提宇子』を何度読んでも、宗教者によって書かれた信仰告白を読んだという読後感は得られません。しかしこの点についてはカトリックの立場にある遠藤周作氏（一九二三〜一九九六）はこう述べています。

新約聖書を新教徒ほど重視しなかった当時のカトリックの宣教師たちは西洋の教会の流儀にしたがった公教要理（信者に教えるやさしい教理）を語り、その日本訳を印刷したりはしたが、聖書翻訳にはあまり力をそそがなかったようである。この事は当時の日本人信徒のハビアンの「妙貞問答」を読んでもはっきりとわかる。「妙貞問答」にはほとんどと言っていいくらいイエスの生涯についてのべられていないからである。そしてその代り、神の存在証明とか、仏教の欠陥を幼稚にのべているにすぎない。いずれにせよ切支丹時代、新約聖書の部分訳はあっても完全訳があったかどうかは疑わしい。

（『遠藤周作文学全集』第十三巻）

もともとカトリック教会には中世から、聖書をはじめとする教会の書物から教えや啓示を得るのは聖職者だけであり、信徒たちはもっぱら聖職者から口述で教えを授からなければならないという決まりがありました。ラテン語で書かれた聖書は、聖職者たちが占有する門外不出の聖典であり、それを各地の言語に翻訳することも固く禁じられていたのです。

つまりファビアンの学んだ、あるいは学ばされたキリスト教は、スコラ神学とギリシャ哲学の鎧をまとった南欧の旧教カトリックであり、その鎧を脱いだ裸のイエス・キリストに出会うことが困難だったことになります。まして当時のイエズス会パードレたちは仏教を野蛮人の信じる悪魔の教えと見なしていたわけですから、教義の違いを超えた宗教の基盤としての霊性とか、宗教体験レベルでの交流などは思いもつかなかったでしょう。

あたかも十六世紀のスペインでは偉大な神秘思想家である十字架の聖ヨハネ（一五四二〜一五九一）が活躍していました。キリスト教の観想と禅宗の坐禅の比較研究というような試みがあればどれだけ素晴らしかったことか。ファビアンが硬直化した大徳寺での禅修行に見切りをつけてキリスト教に入信したのも、そのような救済の体験智への渇望のためだったとは考えられないでしょうか。

さて同じキリスト者でもプロテスタントの山本七平氏（一九二一〜一九九一）はユニークな解釈をしています。

ハビヤンが、生涯の思想的遍歴において求めたものは、戦国というこの無規範な社会を秩序づけうる絶対的規範の基本だった。それを、脱神道、脱仏教、脱儒教、脱キリシタン、という形で求めつづけた。そして彼が到達したのは日本の伝統的規範であり、それは言葉を換えれば「日本教」である。

（『日本教徒』）

お得意の「日本教」の登場です。『日本人とユダヤ人』で氏によって主張されましたね。ユダヤ人はユダヤ教、日本人は日本教の信者である。日本人は、無宗教である人が多いといわれるが、実際にはそうではない。日本人は決して無宗教ではなく、「人間」を中心とした一つの巨大な宗教教団なのだ。キリスト教であっても、仏教であっても、それはすべて日本教に組み込まれており、日本人はどんなに頑張っても結局、日本教徒でしかありえない。日本人の究極の概念は、神よりもまず人間であり、神を人間に近づける形でしか日本人は神を理解できないという主張でした。

ですから氏は、ファビアンは「棄教者」でもなければ「転びキリシタン」でもなく、「転向者」でもないと言います。彼自身は本質的に何も変わっているのではなく、「人が神を選択する」という態度をとる「最初の自覚的な日本教徒」として捉えておられるようです。

四

では中立的とも言うべき研究者の立場からはいかがでしょう。千葉大学名誉教授の若桑みどり先生（一九三五〜二〇〇七）です。

西洋文明に接した日本の知識人の態度はふたつしかない。全力で相手にくらいつきマスターするか。自分が第一人者でいられる日本に回帰するか。第三の道は、おそらく西と東のあいだに橋を架けることである。しかし、そのためには、その双方を学ばなければならない。この苦悩を感じなかった西洋研究者はいないであろう。ファビアンの苦悩は西洋文化に接した日本知識人の苦悩の第一号である。かえって単純な救済の信心をもった民衆のほうが、福音の恩恵を受けたにちがいない。そこには確かな救いと救いにいたる道がやさしく示されていたからだ。

（『クアトロ・ラガッツィ』）

若桑先生は、イエズス会はファビアンを正式の司祭に叙階するつもりはなく、日本の仏僧や学者との論争に用いるつもりだったと指摘します。つまり「知的傭兵」「使い捨ての外人兵士」ですね。ところがその得意の武器をもってキリスト教が攻撃されるようになるとは思ってもいなかったということになります。まさに飼い犬に手を噛まれたわけでしょう。

さて最後に、東海大学教授の小林千草先生（一九四六〜）です。私がファビアンについて調べていく過程で実は彼よりも興味を覚えたのが、この小林先生でした。とても素敵な先生なのです。

小林先生のご専門は、鎌倉・室町時代の言語を中心とする国語史の研究です。先生は、『国語国文』昭和五十三年五月号に「ハビアン著『妙貞問答』に関する一考察―依拠・関連資料をめぐって―」という論文を発表しています。これは国語学の視点から『妙貞問答』の同趣表現の求められる資料を列挙して、そのキリシタン文学の一つとしての資料的性格を明らかにしようとする綿密なご労作です。ところが小林先生はその論文を執筆しているうちに、どうやらファビアンに心魅かれ、恋に落ちてしまわれたようなのです。

それはどういうことか。先生は「千草子《せんそうこ》」というペンネームで作家として、ファビアンの著書三冊をそれぞれモチーフにした、創作小説を発表しているのです。平成三年一月に清文堂より『ハビアン―藍は藍より出でて』(『妙貞問答』がベースになっています)、同年十月に『Fabian Racujit―羽給《はた》べ若王子』(『破提宇子』がベースです)、そして平成六年六月には平凡社から『ハビアン平家物語夜話』(もちろん天草版『平家物語』ですね)。

なぜ研究者である小林先生がわざわざ小説を書くことになったのでしょうか。それは論文という形式では先生の思いのたけが書きつくせないからでしょう。そもそも私たちの使う言葉には、さまざまな機能があります。書かれるもののスタイルに合わせて、うまくその機能を発揮させてあげる必要がありますね。学術論文のような硬派の文体ではその論述機能を用います。もちろん情緒の入り込む隙間があってはなりません。無機質な理論のブロックを隙間なく積み上げてゆくことが肝要です。しかし、詩のような場合はいかがでしょう。詩の言葉使いは、イメージ喚起機能に頼ります。作者も読者も、想像と情念の翼を存分に広げてもらわなくてはいけません。小説の言葉はどちらかといえば詩に近いわけですね。

だから、小林先生は論文の行間にこぼれた思いをすくい上げて、別の容器に盛りました。小説というスタイルに言葉を紡ぎなおしたのです。まさにファビアンに対する思いを、綾なす文章に編み上げる織姫になったのですね。では、『ハビアン―藍は藍より出でて』から、この一節はいかがでしょう。ファビアンと彼を慕う女性の会話です。

「〝あながちに、あくをも、きらふべからず。ぜんのうらなり。恋をも、きらふべからず〟この言葉を、パーデレに向かって私が言う時は、いつでしょう。いつか、私も、十字架に火を放つ人間になるかもしれません」

「でも、神は、あなたと一緒に、火を付けて下さいますわ。私の思う神は、一緒に汚れ、一緒に罪を悔い、一緒に泣き寝入りして下さいます。ハビアンさま、私は破門されてもいい人間なのです。告白（コンヒサン）が、つらいのです。どうして、人であるパードレが、神の代わりに、〝あなたの罪は許された〟と言えましょうか。許して下さるのは、神だけです。そして、神は、同じ罪に揺るぎ、泣いて下さいます。パードレにそれができまして？」

次は『Fabian Racujit―羽給べ若王子』です。ファビアンと権九郎という登場人物との会話ですね。


「権九郎、私が昔、キリシタンであった頃、イエズスが磔にかかる時の様子を聞いたことがある。その時もな、月よりも白く輝く光が天空の裂け目より差し、天使達が花のごとく舞いおり、そして、大地は裂けんばかりに動いたということじゃ。似ておるの、先の釈迦の話と」

「はい」

「おまえの母者の宗旨も法華か」

「は?　いえ……はい、法華宗にござりまする」

「そうか。法華宗はいい宗旨じゃ。汚泥に咲く蓮の花じゃものな。のう、権九郎、美しい蓮の花を咲かせるのに、汚泥はなくてはならぬものよの。おまえは、蓮と汚泥のどっちになりたい」

「私は、くすんだ、何も取り柄のない男でござり申す。高望みしても、蓮の花にはなれまっせぬ」

「なれば、おれと同じじゃ。おれは、汚れに汚れた汚泥の池よ。二度も転んでおる。一度は、キリシタンに。二度目は、もとの禅坊主に。転び転んで、起き上がる、起き上がり小坊師よ。何度転んでも、もう人は注目せぬワ。何度も転びを打つと、方角がわからなくなるな、そういう経験はあるか」

最後に『ハビアン平家物語夜話』から、ファビアンに恋する女性のモノローグです。

—そうよ、ハビアン、パードレになってしまうと、あなたは、いつしか自らの痛みを覚えなくなる。人の傷の手当てだけできても、それは、イエズスではおりゃぬ。心の医師《くすし》にすぎませぬ。十字架のイエズスを御覧あれ、いつも血を出しておらるるでしょう。あなたは、本当にIMITATIO CHRISTIなのですよ。ハビアン、あなたには、パードレよりも大きな仕事があるでしょう。それは、日本の土にしみ通るような哀しみを背負った人しかできない仕事なのですよ。

どうでしょう。思い入れたっぷりですね。お気づきの通り、小説に登場する女性は小林先生の分身、いや先生そのものなのでしょう。しかし確かにファビアンという人を少し身近に感じられるようになったのではないでしょうか。ではそろそろまとめに入りましょう。

五

ファビアンが何故キリスト教を棄てたのか。この疑問に関しては従来さまざまに説明されています。最も有力な説は、イエズス会内部での人事の不満、すなわち司祭になれなかったことです。慶長六(一六〇一)年、天草のコレジオで学んだ日本人修道士十七人のマカオ留学が決まった時、準教師格であった彼はその人選にもれています。この年には初めての日本人司祭が叙階されましたが、それはかつてコレジオで同級生であったセバスチャン・木村とルイス・ニアバラであり、ファビアンではありませんでした。脱会直前の慶長十二(一六〇七)年には天正遣欧使節のメンバーであった伊藤マンショ、中浦ジュリアン、原マルティーノの三人が司祭に昇進しましたが、彼はやはり昇進できませんでした。彼は二十二年の長い間、イルマンのままだったのです。彼ほどの抜群の功績と才能の持ち主がです。

あるいは、先にも触れた京都南蛮寺に隣接する女子修道院のベアータとの恋愛が原因だとも言われます。さらには、後から日本布教にやってきたフランシスコ会やドミニコ会などとイエズス会のヨーロッパ人宣教師同士のいさかいに幻滅したこと、あるいはパードレ達の日本人に対する抜きがたい人種的偏見への反感など、いろいろと取り沙汰されています。おそらくそのどれも当てはまるのかもしれませんし、どれでもないのかもしれません。ただ不思議なことが一つあります。それは、これまでファビアンがなぜキリスト教を棄てたかについてはさまざまに論議されているにもかかわらず、なぜ彼が禅を捨てたのかという問題に関しては誰も取り上げていないのです。むしろそこを押さえないと求道者としてのファビアンは理解できないのではないでしょうか。

ではなぜファビアンは禅を捨てたのか。そもそも彼の出家の動機は何だったのでしょう。それを示す資料は何も残されていません。本人が望んだものか、あるいは親が望んだものか。菩提心によってか、それとも貧しさの故か。

ただし当時の臨済宗の状況や彼のいた大徳寺の様子はうかがい知ることができます。すでに申し上げたように、戦国時代末期から近世の初頭にかけて、大徳寺教団はその勢力をさかんに拡大していました。朝廷とも関係の深い大徳寺には多くの戦国大名や経済力を手にした商人、文化人たちが集まったことも述べましたね。臨済禅の修行の形骸化についても紹介しました。中国から伝わった僧堂中心の清規に則った集団的な修行は行なわれなくなり、開悟の体験の無い伝法が認められるようになったのです。「密参禅」の流行と参禅の衰退、これは本来の禅からの完全な逸脱ですね。道心堅固な修行者であればあるほど、そのような日本の禅の堕落に不満を感じたはずです。

先に遠藤氏が、『妙貞問答』の中でイエスの生涯についてほとんど触れられていない点を指摘していましたが、同じく言えるのは、禅宗を扱う箇所に於いても「坐禅」という言葉が一度も出てこないことです。そしてかつて同参だった禅僧たちを以下のように批判しています。

今時ノ会下僧ハ、万法一心ノ悟ニハクラク侍ル故ニ、月ヲオカミ、日ヲ拝ミ、愛宕詣リ、清水マフテナト云事マテ、愚痴ノ尼入道ニカワラズ。

これらを見る限り、当時の臨済禅は相当いびつな禅に変貌していたことが伺われます。

さて時代が少し下って、慶安元（一六四八）年、豊後多福寺の雪窓宗崔《せっそうそうさい》（一五八九～一六四九）という禅僧が『対治邪執論《たいじじゃしゅうろん》』という排耶書を著しています。その一節を見てみましょう。

在々所々において邪法を説いて仏神を誹謗し、布施を行ひ、以て男女を傾動す。これによりてその宗旨に帰する者、あげて記すべからず。

この文章は何を言っているのかというと、キリシタンの布教方法を分析しているのです。つまり、さまざまな場所でキリシタンの教えを説き、さらに仏教や神道を誹謗中傷する。そして慈善事業を行なって人々を感心させる。だからキリシタンに改宗する人たちが多いのであると述べているのですね。

キリスト教は本質的に愛の宗教であると言われます。ファビアンが実際に見たであろうキリシタンによる慈恵・矯風活動がどれだけ活発であったか、言を俟たないでしょう。孤児院、養老院、病院、救癩施設などの運営、さらには奴隷や娼婦の救済などですね。戦乱の絶えない時代にあって、悲惨な運命に翻弄される社会の最下層の人たちに救いの手を差し伸べたのは、たしかにキリシタンのパードレや信徒たちだったでしょう。ではその頃、仏教教団は、僧侶たちは何をしていたのでしょうか。多感な年頃のファビアンが寺院の現実を振り返った時、何を感じたか想像に難くありません。表向きの理由はわかりませんが、少なくとも内面的にはそれらのような理由が考えられるのではないでしょうか。

ところがです。期待に胸を膨らませて入信したキリスト教の当時の教えの内容、さらには入会したイエズス会での処遇、それらはどれも彼の夢と希望を裏切るものであったに違いありません。だから彼は、禅にもカトリックにも失望したのだと思います。むしろ宗教自体に幻滅したのだとも考えられます。じつはそれこそが本当の禅の世界への第一歩だと思うのですが、それが言えるのは私がいまどきの禅僧にすぎないからでしょうか。ところで、三枝博音《さえぐさひろと》氏（一八九二～一九六三）はかつてこのように述べています。

キリスト教受容の思想的側面につけて、私がハビアンに関心を強くもつのは、同じ著者ハビアンが再び改宗して、キリスト教思想から脱したことである。もとの仏教にかえっていることである。（『西欧化日本の研究』）

しかし、私にはとてもそのように理解することはできません。彼は棄教後に著した『破提宇子』の序文で「江湖《ごうこ》の野子《やす》」と自称しています。日本思想大系本には「俗界の野人」と訳注が入っています。つまり彼は自分のことを世俗の人間であると認めているのです。そもそも仏教にかえるというのなら女性と駆け落ちはしないでしょう。おそらく『破提宇子』は保身と生計のために仕方なく書いたものでしょうし、彼なりのスタイルで書かれた人間宣言文でもあったのではないでしょうか。

つまりファビアンという人は、宗教そのものに背を向けた「背教者」だったのではないでしょうか。禅者としても桶底が脱するような、いわゆる痛快な大悟の体験、真実の自己に目覚める安心立命の境地を得ることができなかった。キリスト者としても神の声を聞くことは無かった、神の愛を身近に感じさせてもらえなかった。この人はおそらく、仏も神も何も与えてくれなかったと叫びたかったはずです。「彼は、所詮、知の人ではあっても、遂に信の人たり得なかったのではないか」（井手勝美『キリシタン思想史研究序説』）。一人の知識人すら救えなかった。それは禅の至らなさだったのでしょうか。それともカトリックの限界だったのでしょうか。あるいは彼自身の力が及ばなかったのでしょうか。その答えはおそらく誰にも、多分ファビアン自身にもわからないでしょう。まさに禅語の「没巴鼻《もっはび》」。答えを得ようとしても手がかりも無ければ、取り付く島すら与えられないのです。

歯形の地蔵

一

今回は『続近世禅林僧宝伝《ぞくきんせいぜんりんそうぼうでん》』の中から、徳雲院の絶同不二《ぜつどうふに》禅師（?〜一七一二）のエピソードをご紹介しましょう。

元禄中、洛下三条の糸舗《しほ》某に女《むすめ》有り、梅と名づく。舗廝《ほし》吉助なる者を慕って、情思纏綿《じょうしてんめん》、屡《しば》しば書を寄せて好《よしみ》を通ず。吉、貞堅《ていけん》にして応ぜず。女、蘊結怨嗟《うんけつえんさ》、措《お》くこと無《な》し。吉、一日、北野《きたの》菅廟《かんびょう》に詣《いた》る。女、之れを偵知《ていち》して、以為《おもえ》らく、「機、逸《のが》すべからず」と。乃ち潜《ひそ》かに尾躡《びじょう》して行く。吉、途にして之れを知り、火急に一家に投じ、実を告げて救いを求む。主、彼をして墻《かき》を踰《こ》えて疾《と》く走らしむ。女、到り之れを求むるも得ず。又た追踵《ついしょう》す。吉、遁《のが》れ難きを察し、一寺に竄入《ざんにゅう》す。則ち万松《ばんしょう》なり。須臾《しゅゆ》にして女又た到る。寺僧、知らざる似《まね》をして之を欺《あざむ》く。女、信ぜず、中心懊悩《ちゅうしんおうのう》して、殿堂《でんどう》を囲《めぐ》ること数匝《すうそう》す。因《ちな》みに塋域《えいいき》に入る。一墓有り。地蔵薩埵《じぞうさった》の石像を安ず。女、神気昂騰《しんきこうとう》し、之れを見て、儇急《けんきゅう》に認めて以て吉と為し、直下《じきげ》に摟住《ろうじゅう》して、驀頭《まくとう》に咬着《こうちゃく》す。口裂け眼出で、怒髪卓竪《どはったくじゅ》し、額《ひたい》に肉角を生じて死す。其《そ》の勢《いきおい》、触るるべからざるなり。寺僧、錯愕《さくがく》し竦踊《しょうよう》して、急に師に之れを救わんことを請う。師、至る。其の事を紀《しる》して着語《じゃくご》して曰く、「果然《かねん》」と。偈《げ》に曰く、「一念の貪瞋《とんじん》、頭に角を載《いただ》き、可《こ》の中《うち》、何ぞ擬《ぎ》せん是と非と。風、柳絮《りゅうじょ》を吹けば毛毬《もうきゅう》走《わし》り、雨、梨花《りか》を打てば蛺蝶《きょうちょう》飛ぶ」。師、挙唱《こしょう》し了《お》われば、女、即ち倒る。其の石像、「歯形の地蔵尊」と称し、万松に今に奠安《てんあん》す。

およその意味はおわかりいただけると思いますが、要するにこういうストーリーです。

元禄のころ、京都の三条通りに一軒の糸屋さんがありました。その店の娘のお梅さんは番頭の吉助が大好きで、しきりに恋文を渡していました。ところが謹厳実直な吉助はまったく相手にしてくれません。お梅さんはただ悶々とするばかり。

ある日のことです。吉助が北野天満宮に出かけました。お梅さんはそれを知って、絶好のチャンスとばかりに後から追いかけていきます。それに気づいた吉助は近くの家に飛び込んで、助けを求めました。その家の主人は裏口からこっそり逃がしてくれました。しかしお梅さんはなおも追ってきます。吉助は夢中で天満宮のそばの万松寺というお寺に逃げ込みました。お寺のお坊さんは、やってきたお梅さんに「そんな人は知りません」ととぼけます。

すでに正気を失っていたお梅さんは、庫裏から本堂まで寺中を髪振り乱して、吉助を捜し求めます。ついに裏の墓地までやってきたお梅さんは、そこにあった石のお地蔵様を吉助とまちがえて、いきなり抱きついて噛み付きました。まさに口は裂け、眼は飛び出して、髪は逆立ち、ひたいに角を生やして、とうとうその場で狂い死にしてしまったそうです。驚いたお坊さんは、どうにかしてお梅さんをお地蔵様から引き離そうとしますが、なんとしても離れません。実に恐ろしきは女の執念。そんなことは書いてないだろうって？　はい、申し訳ございません。

困ったお坊さんは、徳雲院の絶同禅師に来ていただいて、かわいそうなお梅さんをやすらかに成仏させてくれるようにお願いしました。やってこられた禅師はおもむろに「一念の貪瞋《とんじん》、頭に角《つの》を戴き、可の中、何ぞ擬せん是と非と。風、柳絮《りゅうじょ》を吹けば毛毬《もうきゅう》走《わし》り、雨、梨花《りか》を打てば蛺蝶《きょうちょう》飛ぶ」（わずかでも欲望や憎しみにとらわれたとたんに頭に角の生えた鬼になってしまう。もはやそこでは是非正邪の分別も

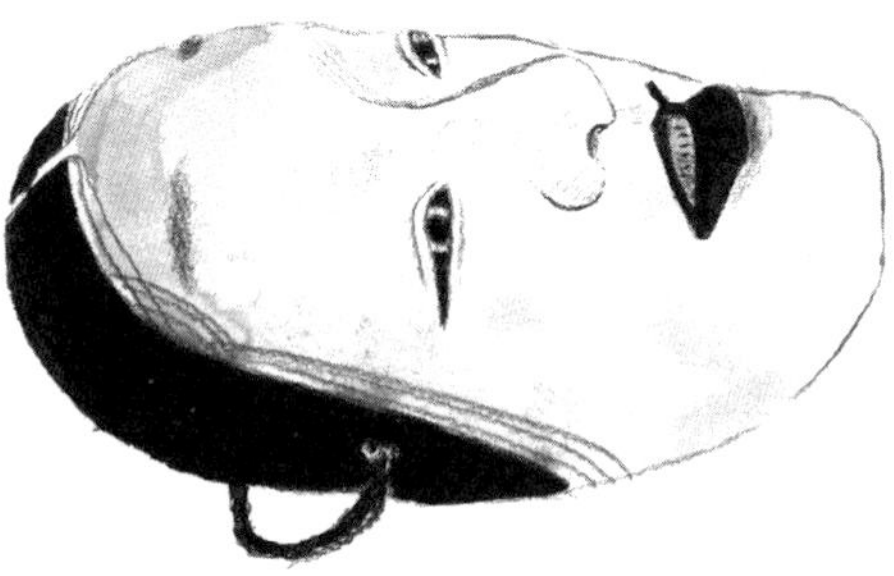

つかなくなってしまう。風が柳の綿毛を吹けば、毛まりのように転がり走っていく。降りしきる雨が白い梨の花を打てば、花びらがまるで蝶のように舞い落ちていく）と一句を唱えました。

すると途端にお梅さんの体はお地蔵様から離れてしまったということです。おそらく般若の面のようだったその顔も、もとのやさしい顔に戻ったことでしょう。ただしお地蔵様には、お梅さんの歯形がくっきりと残ってしまいました。そのために「歯形のお地蔵さん」と呼ばれ、いまも万松寺には参詣の人が絶えないそうです。

ところでこのお話は、そのまま禅の公案、すなわち現在も禅の修行者が解決しなければならない難問のひとつとなっています。修行者は、まず大慧《だいえ》宗杲《そうこう》禅師（一〇八九～一一六三）の「実相《じっそう》円成頌《えんじょうのじゅ》」という「荷葉《かよう》団々として鏡似《よ》りも団《まど》かに、菱角尖々《りょうかくせんせん》として錐《きり》似《よ》りも尖《するど》し（ハスの葉は丸い、円鏡よりも丸い。ヒシの角はとがっている、キリよりもとがっている）。風、柳絮《りゅうじょ》を吹けば毛毬《もうきゅう》走《わし》り、雨、梨花《りか》を打てば蛺蝶《きょうちょう》飛ぶ」という伝来の問題を解決しなければなりません。七言絶句の各一句について禅の立場から答えるのですね。そしてその難関がクリアできたら、さらに修行者の境地を深めるために師匠はおもむろにこの絶同禅師のエピソードを紹介して、やおら質問するのです（こういう付属の公案を本則《ほんそく》に対して拶処《さっしょ》といいます）。「さて絶同禅師はどの一句で、糸屋の娘を地蔵から離したか？」

二

「どの一句か？」というのだから、絶同禅師の唱えた漢詩のどれか一句に違いない。雨に打たれる花びらが自然に舞い落ちていくように、従容と死を受け入れることこそが望ましいのだ。そうだ、最後の「雨梨花を打てば〜」の一句だ。などとお師匠さんの前に走っていって、元気よく答えても駄目です。そのような取り組み方ではこの問題は解決できません。

一句とは、文字を離れた根源の一句でなければならないのです。人間同士のコミュニケーションの道具としての言葉を超えた、神仏との共通語である「ことば」が要求されます。問われているのは、言葉になる以前の言葉なのです。よくわからない？　そう、分からない一句です。ご覧になってください。「判断、理解、分別、解釈」というような熟語を見れば、納得していただけるでしょう。これらの言葉はみな「分ける」という意味を含んでいます。人間は宇宙を言葉で切り分けて事物を理解し判断を下します。そしてその度に本来の天地未分の世界から遠ざかっていくのです。禅語では「父母未生以前《ぶもみしょういぜん》」（父も母もいまだ生まれない以前）といいますね。そのような失地を回復しようと試みるのが、この公案の眼目ともいえるでしょう。だから永遠を一瞬に言いとめるような一句でなければ、恋に狂ったお梅さんを成仏させることはできないのです。なんだかむつかしそうですね。

ではまず、大慧禅師の偈頌から一緒に考えてみましょう。そもそも大慧禅師という方は中国の宋代に活躍したお坊さんで、その方が弟子に宛ててお書きになった手紙の中に次のような一節があるのです。


経に云う、一切時に居りて、妄念を起さず、諸《もろもろ》の妄心に於て亦《ま》た息滅《そくめつ》せず、妄想の境に住して、了知《りょうち》を加えず、了知無きを、真実と弁ぜず。老漢、昔、雲門庵に居りし時、嘗《かつ》て之を頌して曰う、荷葉団々《かようだんだん》として鏡似《よ》りも団《まど》かに、菱角尖々《りょうかくせんせん》として錐似《きりょ》りも尖《するど》し。風、柳絮《りゅうじょ》を吹けば毛毬走《もうきゅうわし》り、雨、梨花《りか》を打てば蛺蝶《きょうちょう》飛ぶ。

（『大慧書』）


「経」というのは『円覚経』というお経のことです。その中の「清浄慧菩薩章《しょうじょうえぼさつしょう》」という一節にこのように説かれています。「あらゆる場合に於いて妄想を起こさない。だからといって妄想が起こってこないようにと押しつぶしてしまうのでもない。妄想の真っ只中にいながら、それが妄想であると決め付けるのでもない。さらに決め付けないことが真理であるなどと了解するのでもない」。

この教えを大慧禅師が雲門庵というところに居られたとき、偈頌《げじゅ》という漢詩の形式で歌い上げられたのが、「荷葉団々～」という句です。これは『円覚経』に説かれるインド仏教的な世界を中国禅宗風に表現し直したものと考えられます。この一節に説かれているのは大乗仏教徒の日常生活の究極のところをあらわしたものであり、それは禅で言うところの「即心即仏《そくしんそくぶつ》」（この心こそが仏にほかならない）あるいは「平常心是道《びょうじょうしんこれどう》」（ふだんの当たり前の心こそが仏道である）のような境地にも通じます。

日常の見聞覚知すべての働きにおいて分別判断に惑わされず、行住坐臥《ぎょうじゅうざが》にあっていささかの妄念を起こさなければ、聞くもの見るものそのまま真実となり、すべてが仏の光明を放つという教えでしょう。大慧禅師は抽象的かつ論理的な表現を、きわめて具象的かつ直感的に語り直してみせたのでしょうね。前半の二句は「静」の境地、後半の二句は「動」の境涯とも理解できます。もっともこの『円覚経』というお経は、インドではなく七世紀末ごろに中国で作られた偽経《ぎきょう》だとされているのですが。

さらにこの「荷葉団々～」の句は、大慧禅師のオリジナルではなく、別に原典があります。実は最初にこの句を唱えたのは、夾山善会《かっさんぜんね》（八〇五～八八一）という唐代の禅僧だそうです。次に引用するのは該当の箇所ですが、夾山禅師と潙山《いさん》和尚（七七一～八五三）とのやりとりになっています。

問う、如何《いかん》が家中の宝を識得せん。師曰く、忙中争《ぼうちゅういか》でか閑人と作《な》ることを得《え》ん。問う、如何なるか是れ相似の句。師曰く、荷葉団々《かようだんだん》として鏡似《よ》りも団《まど》かに、菱角尖々《りょうかくせんせん》として錐似《きりょ》りも尖《するど》し。復た曰く、会《え》すや。曰く、会せず。師曰く、風、柳絮《りゅうじょ》を吹けば毛毬《もうきゅうわし》走り、雨、梨花《りか》を打てば蛺蝶《きょうちょう》飛ぶ。

（『五灯会元』）

どうすれば我が家のお宝（本当の自分）を見つけられるでしょうか？　そんな暇があるものか。それらしいことをおっしゃってくださいよ。「荷葉団々～」。どうじゃわかるか。わかりません。ならば「風吹柳絮～」。

つまり夾山和尚の言葉を大慧禅師が借用し、さらに絶同禅師が後半の二句を拝借されたのでしょうね。ですから「どの一句で離れたか」という問いは、この「実相円成頌」が解決できれば、自然に了解できるはずの問題なのです。ところが、どうやら禅の修行はそんなに容易なものではないようですね。昔の禅僧方もこの難関に大いに苦労されています。

三

臨済宗中興の祖である江戸時代の禅僧、白隠慧鶴《はくいんえかく》禅師（一六八五〜一七六八）の「年譜」には以下の二箇所にこの「荷葉団々〜」の公案に関する記述を見ることができます。

師苦吟すること累日《るいじつ》、因みに分衛《ぶんねい》に出で、一家の門に立つ。（中略）家婆怒って竹の大帚《だいそう》を拈じて曰く、「此の漢、去れと道うに、尚此《ここ》に在って踟躊《ちちゅう》す」と。便ち打つ。師釈然として方《まさ》に古人の旨を領す。従前手脚《じゅうぜんしゅきゃく》を挟《さしはさ》むことを得ざる底《てい》の荷葉団団の頌、疎山寿塔《そざんじゅとう》の因縁、南《なん》泉遷化《せんせんげ》の話《わ》、其の余の難透の深旨、一時に現前す。（宝永五年、師二十四歳）

因みに古月材公久しく荷葉団団の頌に参じて大知見を具し、徳、九州に冠たりと聞く。仍《よ》って之に謁して此の一段の事《じ》を咨決《しけつ》せんと欲し、建国を辞して鈴鹿嶺《すずかとうげ》に向かわんとす。雨後の渓水衍溢《けいすいえんいつ》して、衣を褰《かか》げて行くこと数百歩、其の瀰漫《びまん》する処に至って、廓然《かくねん》として荷葉団々の頌に入得《にっとく》す。歓喜して自ら持するに任《た》えず、身を放って水中に仆《たお》る。（正徳三年、師二十九歳）

最初の一節では、茶店のおばあさんにほうきで打たれて、それまで解決できないでいた幾つかの公案が了解できたとされています。その中に「荷葉団々～」の公案も含まれていますね。

興味深いのは次の一節です。後に「東海の白隠、鎮西の古月」と並び称される高徳の古月禅《こげつぜん》材《ざい》禅師（一六六七～一七五二）が「荷葉団団～」の公案で大いに悟りを得られたというので、白隠禅師がわざわざその公案に参じるために九州に向けて出立したことが述べられています。そして、その旅の途中で痛快に解決できてしまったことも付け加えられています。もしもこの禅界の両雄が面と向かい合ったらどんな法戦が交わされたか興味津々ですが、それは叶いませんでした。

どうやら白隠禅師は「荷葉団々～」という一則の公案で二度の悟りを得たということになります。それは取りも直さず、公案が解決することよりも、むしろ公案に対して問題意識を持ち続けることのほうが重要であることを教えてくれているようです。

先ごろ、さる高名な仏教評論家が『公案解答集』なる一書を監訳として出されました。種本の『現代相似禅評論』（一九一六年、破有法王）の一部を英訳した『The Sound of the One Hand』（一九七五年、Yoel Hoffman）をさらに邦訳したという、ややこしい経緯の本です。鎌倉円覚寺の楞伽窟（釈宗演老師（一八五九～一九一九）に含むところのある某居士が匿名で書いたとされる『現代相似禅評論』は、公案の解答と称する部分よりも白隠禅批判や師家批判の記述のほうがむしろ興味深いと思います。大抵の禅寺の本棚に秘かに隠されているというのもそれが理由ではないでしょうか。別の意味で『The Sound of the One Hand』にも似たような傾向があります。せっかくですから大慧禅師「実相円成頌」に対する訳者のコメントの部分を見てみましょう。

This poem is taken from a collection of poems by Zen Master Dai-e. It is fairly plausible to assume that the poem was not intended as a problem to be answered and has no special "meaning" besides what it says. The attempt to turn this poem into a koan is artificial and may only lead to unnecessary speculations which the Zen practitioner is supposed to avoid.

特に意味のない詩をわざわざ禅の公案に仕立てても、修行者の妄想をたくましくさせるだけだと言っているようですね。『現代相似禅評論』に紹介されている意味不明の解答を見ればそのように考えてしまうのも無理からぬところでしょう。隣の寺にある松の木の枝振りが素晴らしいからうちの寺に植えようといって、地面から上の部分だけを切ってきて植え替えるようなものです。目に見えない大切な根の部分を無視すると木が根付いてちゃんと育つわけがありません。同じように一則の公案にどれだけの背景と歴史があるかを知らないと、こういう気の毒なコメントが書かれることになります。結局は以下のように言わざるを得ないのでしょう。もちろん伝灯の墨守は批判されてしかるべきですが、「実相円成頌」はしっかりと公案として活きていることを申し上げておきたいと思います。この『The Sound of the One Hand』のような内容では禅の、とくに臨済禅の公案修行の意義が欧米の人々に正しく伝わるかどうか疑わしいですね。

It is hard to imagine that the pupil can hit upon such far-fetched answers on his own. It is thus plausible to assume that the master provides the pupil with the traditional answer and pass on to the next koan. The high regard for tradition, so typical of the Japanese, may have its merits, but the preservation of such artificial "koans" is a sign of the stagnation of institutional Zen.

さて絶同禅師は一七一二年に、白隠禅師は一七六八年にそれぞれ遷化されました。大慧禅師の「実相円成頌」の公案に、このエピソードを拶処として付け加えたのは誰なのかはわかりません。ただ公案修行といえば難解な仏典の文句や禅僧の謎めいた言行をめぐって行なわれるものという先入観を持たれがちですが、師匠と弟子とが密室で「お梅さんが～」などと艶っぽい話をしながら問答している様子を想像すると、なんとなく親しみを感じて微笑ましくもなりますね。

曹源池

一

天龍寺で禅の修行をした人は、曹源池を忘れることはないと思います。最初に修行僧の話からご紹介しましょうか。禅堂での坐禅が終わって消灯となれば、雲水（禅宗の修行僧）たちは一度入った布団から跳び出して一目散に堂外へ駆けていきます。そして各々が曹源池周辺のお気に入りの場所で夜坐《やざ》（禅堂の坐禅では皆で坐るため時間が決められているので、個人で自由に坐禅を組む）に励むのです。これは不文律になっているのですね。

禅宗では樹下《じゅげ》石上《せきじょう》と言い伝えられます。木の陰や石の上で坐禅を組むことになるのですが、夏は蚊に悩まされ、冬は膝に雪が積もる寒さで、気持ちよく坐れる時はそうそうありません。仏教発祥の地であるインドでは熱帯性の気候ですから、人間にとってもっとも快適な場所が樹下石上だったわけです。ところが、はるか日本にあってもその言葉が伝わって、只管文字通りに墨守されているわけです。考えてみれば可笑しな話ですね。

さて私のとっておきの場所は、方丈庭園のもっとも奥にある「龍門瀑」の手前の石橋の上でした。この滝の石組は言うまでもなく中国の古い伝説にその由来があります。「龍門の故事」をご存知でしょう。

古代中国の王朝である夏の時代に、禹王が氾濫する黄河を治めるため、はるか上流にある龍門山を三段に切り開いたそうです。この三段の滝は流れの急な難所ですが、春三月に鯉がその滝を登り、見事に登りきることができれば龍と化して天に昇るという話ですね。そうです。「登龍門」という成句の元になった故事です。

かつては曹源池の一番奥まったところに組まれた「滝石組」から大方丈の本尊仏、さらに法堂を経て仏殿から三門の中心をつなぎ、「天下龍門」と呼ばれた総門（現在の京都銀行嵯峨支店の辺りにあったそうです）まで一直線に結ばれていたという話を聞いたことがあります。

ですから、いわば天龍寺の基点となる場所で坐禅を組んでいたのですね。じつに贅沢な話です。ましてや現在ではユネスコの世界遺産にも登録されているのですから。

ところで、私には忘れられない夜坐の思い出があります。いつものように石橋の上で滝石を背にして坐禅を組んでいたある冬の夜のでき事です。ちょうど目の前に位置する方丈の大広間でなにやら物音が聞こえてきました。何だろうと思って目を向けたとたん、深夜にもかかわらず方丈の照明が一斉に点灯されたのです。

天龍寺に行かれた方はご存知と思いますが、方丈の庭園側の襖には大きな龍の絵が描かれています。ですからその龍が照らし出されて、いきなり目の前の漆黒の闇の中に浮かび上がったのです。池の水面が灯りに反射してゆらゆらと幻想的に輝く彼方に、まさに龍が昇天していくかのような印象的な一場面でした。しばらくして明かりが消されました。おそらく宿直の和尚さんが何か必要があって点灯したのでしょう。しかし私にとっては思いもよらないライトアップの贈り物でした。

唐突ですが、人はなぜ生きていけるのか？　皆さん、考えたことがありますか？　それは、死んでもいいと思えるような素晴らしい瞬間が人生にあるからではないでしょうか。まさにそのように、私に生きる勇気を与えてくれた素晴らしい瞬間でした。

そもそも曹源池には、さまざまなエピソードが残されています。仏通寺の管長であった山崎益州老師と方広寺の管長であった奥大節老師のお二人は、修行時代にライバル同士で競って坐禅に励んだそうです。山崎老師が夜坐を終えて帰堂しようと池のそばを歩いていたら、大節老師が法衣を脱いで池に入り、月明かりの下で水浴びをして眠気を覚ましていた姿が目に入ったそうです。それを見て発奮した山崎老師は引き返して、自分もふたたび夜坐に取り組んだそうです。

だいたい天龍寺の雲水は曹源池に跳び込むのが好きだったようですね。私の師匠の平田精耕老師が初めての臘八《ろうはつ》大摂心《おおぜっしん》を迎えた時、直日（雲水の指導役）であった西尾《にしお》承勇《じょうゆう》という人がいたそうです。この人は、粉雪の舞う中で寒そうに夜坐を組んでいる雲水たちの前で「これを見ろ！」と叫んで、褌一枚になって曹源池に跳び込み、皆の士気を高めたそうです。

直心影流剣術の達人で花園大学学長を務められた大森《おおもり》曹玄《そうげん》老師（一九〇四～一九九四）がまだ居士身で東京から摂心のたびに天龍寺に通っておられた頃、木剣の素振りをして気合を入れなおしてから夜坐を組んだというのも曹源池畔でした。

真面目なエピソードだけではありません。いたずら者の雲水がこっそり池の鯉を釣ろうとして松の木の陰に身を隠していたものの、釣竿が見つかってしまって執事さんにひどく怒られたというのも曹源池でした。まさに若い修行者たちの喜びや哀しみ、青春の日々を何百年にわたってあたたかく見守ってきたのが曹源池とそのほとりの木や岩たちということになるのでしょう。

二

さて、庭園の話が続きます。日本の庭園の歴史は、神武四（BC六五七）年、現在の宮崎県の都城盆地に始まるそうです。『日本書紀』にはこの年、高千穂峰と対峙する烏見の山中に霊時《れいじ》（古代中国の皇帝が泰山の山頂で封禅をするための祭祀の庭のこと）を作ったという記述があります。多分に伝説的なこの記録が、日本の庭はカミの降臨する場所として始まったことを示していますね。やがて仏教の伝来とともにカミの庭に代わって、ホトケの庭が登場してきます。

まず浄土教の欣求浄土の思想の影響のもとに、浄土庭園が造られるようになりました。宇治の平等院や平泉の毛越寺の庭ですね。その庭は言ってみれば、「自然の模型」から「理念の造型」へと移行したものです。住空間の周囲に自然のミニチュアでなく、この世ながらの極楽浄土という理想郷を現出せしめようとしたのでしょうね。

鎌倉時代になって禅宗の本格的な導入が始まりました。庭園も平安期以来の大和絵的世界が、中国風の水墨画的世界へと変化を始めます。いよいよ枯山水の登場です。

平安時代の『作庭記』には「池もなく遣水もなき所に石をたつる事あり。これを枯山水となづく」と記されており、同時代の寝殿造庭園では、池や遣水などの水辺とは離れたところに配された石組を指す用語であった。こうした庭園局部としての手法は後世にも受け継がれ、西芳寺庭園〈洪隠山〉や常栄寺庭園・北畠氏館跡庭園の石組などに、その姿を見ることができる。一方、こうした庭園局部の手法としてではなく、日本固有の庭園様式としての枯山水、すなわち水のある池や流れを作らず、石組を主体として白砂・コケ・刈込などで自然景観を象徴的に表現する枯山水が成立するのは、室町時代中期のことである。

(『日本庭園辞典』)

ところで本来、枯山水は「仮山水」だったそうです。つまり、自然の風景を仮に凝縮してみせた景色なのですね。ですから「枯」とは「老」でなく、むしろ「凝」の意味になります。

いわゆる築山泉水庭は人間を取り囲む自然の原風景を模しているものです。それを凝縮する作業を究極まで突き詰めていけばどうなるでしょう。余分なものは削ぎ落とされていきます。たとえば土は大地の肉と考えられ、贅肉はすべて取り除かれます。樹木は人体に例えれば毛髪であり、根こそぎ取り去られます。皮膚にあたる草や苔も剥ぎ取られます。血液である水も必要ありません。最後に残るのは？　天地の骨である岩と砂だけです。

だから、禅寺の石庭は宇宙の骨格標本と考えてよいでしょう。大仙院書院庭園や龍安寺方丈庭園の石庭は、文字通り「身心脱落」を具現化したものであり、宇宙のコアともなります。だからこそ等しく人間に訴える何かがそこに漂っているのでしょう。

東西霊性交流でたびたび日本に滞在しているピエール・ド・ベテューヌ神父は言っています。

禅の僧院の生活環境を構成しているあらゆる要素のなかで、石庭は当然のことながら、もっとも有名である。丹念に掃き清められた白砂の海から立ちあらわれる岩々のもつ、こうした景観は、事実、禅の方法の真髄――横切らなければならぬ砂漠――を喚起せしめる。むろん、これは西洋流の解釈でしかない。なぜなら、仏教の修行生活は森のなかで生まれ、砂漠の経験をもたないのだから。にもかかわらず、原型という地平に立てば、この解釈は正統であると、わたしには思われる。

（『禅文化』一〇八号）

瞑想は、ひとがそのエネルギーを再生するために喜んで立ち戻って来る存在の庭となる。この庭は花の咲く庭ではない。この庭は、その景観が最も根本的なもの――砂の海に点々と浮かぶ岩、わずかばかりの苔、低い土壁のむこうの水平に延びている木々の梢――に還元される、禅の僧院のこの無機的な庭、つまり石庭に似ている。

（『禅文化』一一三号）

三

『碧巌録』第四十則「南泉一株花」の頌は録中の絶唱、すなわち全百則の中の最高傑作であるとされます。にもかかわらず、あるいはそれゆえにか、いまだに決定的な読み下しがありません。ちなみに原文は次のようなものです。

聞見覚知非一一
山河不在鏡中観
霜天月落夜将半
誰共澄潭照影寒

伝統的な訓読の代表として朝比奈宗源訳注『碧巌録』（岩波文庫本）では、「聞見覚知《もんけんかくち》一一に非ず。山河《せんが》は鏡中に在って観《み》ず。霜天月落ちて夜将《まさ》に半《なかば》ならんとす。誰と共にか澄潭《ちょうたん》影を照《うつ》して寒《すさま》じき」と読まれています。

そして、『禅の語録15　雪竇頌古』（筑摩書房）ではこのようになっています。「聞見覚知、一一に非ず。山河は鏡中の観に在らず。霜天月落ちて夜将に半ばならんとす。誰ぞ澄潭と共に影を照して寒じき」です。日本語訳もされています。「見たり聞いたり感じたり知ったりするものが、すべて別々のことではない。山や河は鏡に映してみられるものとは何の関係もない。満天に霜が降り月落ちた真夜中、澄みきった沼に己れの姿を映して冴えかえるのはいったい何者であろうか」。

最近のものでは『現代語訳碧巌録』(末木文美士・岩波書店)があります。「聞・見・覚・知は一つのものではなく、山河は鏡の中に見るものではない。満天に霜が降りて月も沈んだ真夜中、誰が(月と)共に澄みきった淵にその姿を寒々と映し出すのか」。

禅の語録を正確に読み解くことは大切なことです。しかし読み方が新しくなるにつれて、逆に言葉に振り回されて真意から遠ざかっていっているような感を抱くのは私だけでしょうか。禅の偈頌のような詩の言葉はただ情報やメッセージを正確に伝えるというのではなく、詩人の体験した世界への招待状であると思います。その辺りを踏まえた翻訳として、山田無文老師の訳を紹介しましょう。

見るわれも見らるる山も
心無ければ一すじに

さやけき影はみず鏡
霜夜更けつゝ風落ちつ
ひえびえとのみ冴えまさる
天地《あめつち》の心　誰か知る

（『碧巌物語』）

神韻縹渺《しんいんひょうびょう》としていますね。なぜこのように曖昧さを巧みに余韻に置き換えた妙訳が生まれてくるのでしょう。その秘密は無文老師のこの言葉に伺えるのではないでしょうか。

先師青峨室（筆者注：天龍寺派管長関精拙老師）について中国をまわって来た時、ちょうどわしが四十の時だった。帰りの船の中で、「老師、みんなもう早く公案が透って、呑気な顔をしておりますが、私は今年で四十になります。古人が、四十にして知られずんば、恐るるに足らず、と申しておりますが、四十になってもこんなことでは、私なんぞは見込みはありません。もうあきらめました」と言うたら、師匠が、「そう言うな。そういうもんじゃない。大器晩成じゃ。早いばかりがええじゃない」と言うて慰めてくれたことがあった。そのころ、南泉一株花の公案で、一年ばかり死ぬほどの思いをしておった。どうしても分からん。もうあかんと思った。だいぶ利口者で、公案をサッサと早く透った連中があったが、今日になって見ると一つも役には立たん。やっぱり何年かかっても、自己を偽らず真っ正直にやる者が勝つ、と言っては無礼があるが、正直者は天下に恐れるものがない。

（『臨済録』）

「南泉一株花」の公案は本則が終われば、次に頌を解決しなければなりません。無文老師もそのために死ぬほどのご苦労をされたのでしょうね。夜も深々と更けて他の雲水たちの寝静まった頃、一人で曹源池のほとりで夜坐を組んでいる。いつのまにか月も西山に沈んでしまった。もうそろそろ夜も明ける。朝課喚鐘が出るというのに持っていく見解が出てこない。澄みきった水面に映るのは暗い山の影ばかり。泣くにも泣けぬとはこの事でしょう。まさにこの公案は曹源池のほとりに坐ったものには、骨身に徹する一則と言えます。

今も天龍寺では春には桜、秋には紅葉とにぎやかな観光客の楽しそうに笑いさざめく声が絶えないことでしょう。しかし夜ともなれば、昼間の喧騒からは想像もできない闇の世界の静謐が広がります。その闇の中で今日も同じく雲水たちが、若い命の炎を輝かせているにちがいありません。

朝靄《あさもや》から洩れてくる虫の音のように

一

『白隠年譜』四十二歳の項に以下の有名なエピソードが紹介されています。

師、四十二歳。秋七月、看経榜《かんきんぼう》を掛《か》く。徳源《とくげん》の東芳《とうほう》、差《さ》して『法華経』を読ましむ。一夜、読んで譬喩品《ひゆぼん》に到り、乍ち蛬《こおろぎ》の古砌《こせい》に鳴いて声声《しょうしょう》相連《あいつら》なるを聞き、豁然《かつねん》として法華の深理に契当《かいとう》す。初心に起こすところの疑惑釈然として消融し、従前多少の悟解了知《ごげりょうち》の大いに錯《あやま》って会《え》することを覚得す。経王の王たる所以《ゆえん》、目前に燦乎《さんこ》たり。覚えず声を放って号泣す。初めて正受老人平生《へいぜい》の受用を徹見し、及び大覚世尊の舌根両茎の筋を欠くことを了知す。

白隠禅師が四十二歳のときのでき事です。秋の一夜、『法華経』譬喩品というお経を読んでいました。ちょうどその夜は、コオロギが軒下の雨だれ石の上でしきりに鳴いていたようです。その鳴き声を聞いて禅師は『法華経』の説く教えに深く徹したという、よく知られた逸話ですね。それまでの自分のこのお経に対する解釈がまったく間違っていたことに気づき、思わず声を上げて号泣された禅師は、さらにこのように述懐したということです。

初めて師匠である正受老人の禅の境地がよくわかった。さらにはお釈迦様の舌には筋がない、つまり自由自在に八万四千の法門を説いて下さったことがよく理解できた。

これをもって禅師の生涯を前半生の「因行格《いんぎょうかく》」（自利：自らを利する、般若の智慧を学ぶ段階）と後半生の「果行格《かぎょうかく》」（利他：他を利する、慈悲の願行を実践する段階）に二分することになるほどの重大な出来事だったようです。

秋月龍珉《あきづきりょうみん》老師（一九二一～一九九九）によれば、「四十二歳でこおろぎの声を聞いて何を悟ったかというと、自分が地獄を脱しただけでは小乗の羅漢で、「自利」の〈智〉だけで「利他」の〈悲〉

が欠けているということ。そこで白隠は、改めて他のために地獄へ下る修行に精進する願心を決定した」ということになるようです。そして、「そもそも『法華経』とは小乗羅漢を否定し、大乗菩薩の道を説く経典である」とも説明しておられます（『白隠禅師』講談社現代新書）。

たしかに禅師は修行者たちに向けて四弘の願行の実践を強く要求されました。ところで中村《なかむら》元《はじめ》先生（一九一二〜一九九九）によれば、もともと中国の禅宗では慈悲の観念をさほど強調しなかったのだそうです。『信心銘』、『証道歌』、『参同契』、『宝鏡三昧』などには「慈悲」という言葉が一度も現われてこないことを指摘しておられます。おそらく道教その他古来の伝統的な中国思想の影響を受けて、禅僧たちは隠遁的・諦観的となり、慈悲行の実践を閑却していたのではないかともおっしゃっています。まさに現実の世界から逃避して竹林に集まり、俗事を見下して清談にふけったという「竹林の七賢」のイメージですね。

同じ趣旨のことを玉村竹二《たまむらたけじ》先生（一九一一〜二〇〇三）も述べています。

日本に鎌倉時代以後伝来した禅宗とは、このように中国的に生まれかわった禅宗をいうのである。即ち原始仏教的な無神論の形骸に、中国的な合理主義精神が纏わり、而も仏殿を建て、本尊を礼拝し、諷経回向をする程度に神秘主義との妥協はしている。そして小乗的色彩に強く、同志の結合を強調し、広大な山林を占めて、仏教の実践的方面を重視すると称し、「日用の工夫」といって、日常生活の規矩を重んじ、『清規』に則って同志の僧が集團生活を実行するが、来る者は拒まず、去る者は追わず、敢て布教宣伝を許ることはなかった。（『五山文學』）

だから正受老人や白隠禅師の慈悲行の強調は、それまでの中世臨済禅に対するアンチテーゼでもあり、ある種の大乗復古運動だったのかもしれませんね。

それはそれでよいのですが、少々疑問が残りませんか？ つまり、なぜコオロギの声なのか、ということです。『法華経』の真意を理解するのに昆虫の声が必要なのでしょうか。むしろそのようなものは読経に集中する際にじゃまになるのではないかとみなさんは思われませんか？

二

そもそも禅には「聞声《もんしょう》悟道《ごどう》見色《けんしき》明心《みょうしん》」という言葉があります。

大凡《おおよ》そ参禅学道は、切《せつ》に忌《い》む声に随い色を逐《お》うことを。縦使《たと》い聞声悟道、見色明心するも、也《ま》た是れ尋常なり。殊に知らず、衲僧家《のうそうけ》は声に騎《の》り色を蓋《おお》い、頭頭上《ずずじょう》に明らかに、著著上《じゃくじゃくじょう》に妙なることを。是の如くなりと然雖《いえど》も、且《しばら》く道《い》え、声、耳畔《にはん》に来るか、耳、声辺《しょうへん》に往くか。直饒《たと》い響と寂と双《なら》び忘ずるも、此に到って如何《いかん》が話会《わえ》せん。若《も》し耳を将《も》って聴かば応《まさ》に会《え》し難かるべし、眼処《げんしょ》に声を聞いて方《まさ》に始めて親し。

（『無門関』第十六則「鐘声七条」）

およそ禅に参じ、仏道を学ぼうとする者は、周囲の音声や色相についてまわることをもっとも忌み嫌うのである。たとえ香厳和尚のように竹に当たった小石の音を聞いて悟ったとか、霊雲禅師のように桃の花の開くのを見て心が明らかになったということがあったとしても、あたりまえのことにすぎない。禅僧たる者は音声や色相を使いこなして、すべての物事において真理を見極め、一挙手一投足に霊妙な働きのあることを見落としてはならないのだ。しかしそれはそうとしても、ここで答えてもらいたい。そもそも音が耳の方にやって来るのか。それとも耳が音を迎えに行くのか。たとえ音のある世界や音の無い世界という二元的世界は超越しているとしてもこのあたりの消息をどう説明してみせる？　もし耳で音を聞くなどと言っているようでは皆目理解できないぞ。そうではなくて、眼で音を聞くぐらいであってようやく腑に落ちるだろう。

古今東西、宗教体験というものは多くありますが、禅体験の特徴は深い三昧が感覚的な刺激によって爆発する事によって引き起こされる人格的転回といってよいでしょう。無門慧開《むもんえかい》禅師（一一八三～一二六〇）が述べておられるように、それは別に不思議なことではありません。ですから白隠禅師の体験が、香厳和尚が竹に当たる石ころの音を聞いて悟り、霊雲禅師が桃の花を見て悟ったように、コオロギの声が機縁となっての外界の事象に対する五官の反応であったというのならば理解できるのです。コオロギの声によって深い禅定が破られて般若の智慧に目覚めたというのならば納得できるのです。しかし、この場合はそのような単純な見性体験の告白ではないことは明らかではないでしょうか。

古ヨリ今ニイタルマデ、経呪ヲヨムニ依テ法ヲ悟リタル仏祖一人イマダキカズ、仏祖ハ皆見性通達ノ人ナリ。亦アルイハ仏語祖語ヲ聞テ、道ヲサトリタル人モアリトイヘドモ、皆是ミヅカラ自性ヲミル志ノ熟スル時節、アルイハ過去ノ修行ノ力ニヨリテ、一聞千悟スルモノナリ。若志ノ熟スル時節ニハ、経教ヲキイテサトルノミニアラズ、香厳ハ撃竹ノコヘヲキイテ道ヲサトリ、玄沙ハ嶺ヲスグルニ、足ヲ踢裂シテ、心ヲアキラム、皆是見性純熟ノ時節ナリ、タレカ是ヲ経呪ニヨルトイハンヤ。

（『和泥合水仮名法語』）

抜隊得勝《ばっすいとくしょう》禅師（一三二七～一三八七）はこのように言われました。ですから白隠禅師は、『法華経』

を読み、その内容を理解することによって菩薩行の大切さを痛感したのだろう、というふうには解釈しにくい。どうしても薄紙一枚のところがひっかかるのですね。

三

実は『白隠年譜』のこの箇所を読むたびに気になっていた私の疑問を解決してくれそうな本があります。耳鼻咽喉科のお医者さんである角田忠信《つのだただのぶ》先生（一九二六〜）の著書です。かつて八十年代に「右脳ブーム」を巻き起こした先生はこのようなことを述べておられます。

ちょうど九月の終わりごろだったと思います。診療を終わって、庭ですだくコオロギの鳴き声に思わず聴き入っていました。東京の町中で聴く虫の声は懐しく、情緒的にひじょうに美しいなと思って聴いていたのです。さて夜になって勉強を始めようと思いましたら、なんだかちっとも落ちついて勉強ができない。どうしてできないのかと思って考えてみると、どうもコオロギの音が耳についてしようがないわけです。さきほどコオロギを美しく感じて情緒的な反応をしたのに、勉強を始めてみると、こんどは論理的なことにひじょうにじゃまをする。なんだかひじょうにおかしなことだ、どうしてこうなるのかということがそのときわからなかったのです。最終的にコオロギの音を録音してこれを日本人に応用してみたわけです。そうしましたら、驚いたことに、コオロギの鳴き声がことばのほうにいってしまったのです。次に西欧人にやってみましたら、西欧人では音楽脳にきてしまいました。

（『右脳と左脳―脳センサーでさぐる意識下の世界』）

日本人の場合には、理性である言語音や計算、また、感情的・感性的な泣き声、笑い声、情動的な人間の声、さらに自然界にある、虫の音、動物の啼き声から小川のせせらぎ、雨、波、風の音、邦楽器の音、それらが全部一体になって全部言葉と同じように言語半球優位に処理されている。（中略）

一方、非日本語で育った人の場合には、あくまでも左脳の分担は理性だけであって、理性以外のものが入り込む余地がない。一方に、理性の左脳があり、他方に自然界の全ての音と感情的な人間の声、それを処理する右脳がある。理性とパトス・自然とが截然と分かれている。

（『脳の発見―脳の中の小宇宙』）

角田先生は、人間の感覚を利用して聴覚と言語の接点にある脳のメカニズムを解明しようとしていたときに、偶然に西洋人とは違った日本人独特の脳機能を発見したと言うのです。先生によれば、日本人は理性的なものと感情的な人間の声、それから自然界の虫や動物の鳴き声をすべて左脳で処理する。ところが西洋人は理性的なもの以外のあらゆる音を右脳で処理する。すなわちコオロギの鳴く声は西洋人にとってはただのノイズにすぎないが、日本人にとってはそうではない。どうやらわれわれ日本人は「理性」も「感情」も「自然界の音」も、渾然一体に受容しているのだそうです。

つまり日本人は生来的に母音を中心にした言語構造と、ゆたかな自然環境の中で、虫の音も虫から人間へのメッセージという受け取り方をしてきていると解釈できるようなのですね。私たちは虫がいい音色で鳴いていると言います。日本人的な感覚では、虫が音を出しているのではなくて、鳴いているわけです。そういう点で虫の鳴き声を言語的にとらえて左脳で受容しているようなのですね。

「渓の響　嶺に鳴猿　たえだえに　ただ此経を　とくと社《こそ》きけ」（詠法華経『傘松道詠』）と道元禅師が『法華経』の世界を美しく歌い上げておられるのも宜《むべ》なるかなでしょう。

さて、ここからは私の勝手な憶測ですが、おそらく白隠禅師は目で『法華経』譬喩品の文字を追っているときに、たしかに釈尊の肉声を聞いたに違いないと思います。コオロギの鳴き声に転調された大慈大悲の響きに魂を揺り動かされたのでしょう。

もともと禅師は『法華経』譬喩品を高くは評価していませんでした。例え話の寄せ集めだと言うのです。

此において親しく法華経を把《と》って窮め見る。唯有一乗、諸法寂滅の文を除いて、余は皆な因《いん》縁譬喩《ねんひゆ》の説なり。此の経若《も》し者般の功徳有らば、六経、諸子百家の書も亦た功徳あるべし。豈に特《ひと》り此の経をしも云わんや。大いに懐素《かいそ》を失う。実に十六歳の時なり。

（原片仮名混じり文『遠羅天釜』）

その評価が全くの間違いであったと気づいたわけです。禅師はまさに眼でコオロギの声に変化した釈尊の言葉を聴いたのでしょう。虫の鳴き声になってまで教えを示そうという仏陀の慈悲。私たちの身の回りで、何時でも何処でも仏陀は止むことなく法を説いてくださっているのです。私たちが見向きもしなくても倦むことなく真理を示してくださっている。まるでせっせと雪を運んで井戸を埋めるようなものです。

せっかくの尊い教えに気づかない私たちを見捨てることなく説き続けてくださっている。こうも例えてみようか、ああも喩えてみようかと、どうだ、これならわかるだろうと愚かな私たちにも理解できるように説きほぐしてくださっているのでしょう。仏弟子たるものがどうしてそれを見習わなくてよいものか。白隠禅師が気づいたのは、そのような仏陀の大慈大悲の有り難さ、自らを省みない方便の大切さであったと思います。

ところで、そうすると新たな疑問が出てきますね。もしも角田先生の説が正しければ、この白隠禅師の理性と感情とが、コオロギの鳴き声の響きとともに昇華していくような体験の持つ意義は、西洋の人々にとっては全くの謎、あるいはただの思い込みということになってしまうのでしょうか。やはりコオロギの鳴き声はただの雑音に過ぎないのでしょうか。

じつは先生自身も、いずれご自分の学説が「民族主義的」であるという批判を受けるかもしれないと予想されています。そしてその予感はたしかに現実のものになったのです。やはり批判は西洋に於いて起こりました。

四

一九八六年五月発行の「Far Eastern Economic Review」誌の書評欄に角田先生の『日本人の脳』の英訳版、『The Japanese Brain: Uniqueness and Universality』の論評が掲載されています。著者はWilliam Wetherallという人物です。ここでは先生の学説は手厳しく批判されています。以下の一節を見ていただければわかりますね。

Tsunoda, for his part, seems unaware of how insect cries and other natural "noises" are appreciated in "Western" countries, not only in poetry and other literature, but directly by people who like nature despite their inability to speak Japanese. One is reminded of the meanings that Henry David Thoreau (1817-1862) found in the sounds he heard from his famous retreat on Walden Pond. Or of William Butler Yeats (1865-1939) who, imagining himself building a Thoreau-like cabin on the lake isle of Innisfree, wrote:

And I shall have some peace there,
　for peace comes dropping slow,
Dropping from the veils of the morning
　to where the cricket sings;
There midnight's all a glimmer,
　And noon a purple glow,
And evening full of the linnet's wings.

「どうやら角田氏は日本語を話さない西洋人であっても、虫の声や自然の音を愛でることをご存知ないようだ」と述べて、十九世紀後半のアイルランドの詩人W・B・イェーツの作品の一部を紹介しています。せっかくですから全文を読んでみましょう。翻訳は加島祥造さんです。

「湖の中の島」
ああ、明日にでも行こう、あの島へ
そしてあそこに小屋を立てよう。
　壁は泥土、屋根は草葺きでいい
豆の畑は畝を九つ、蜂蜜用の巣はひとつ
その蜂たちの羽音のなかで独り暮そう。

ああ、あそこなら、いつかは心も安らぐだろう
安らぎはきっと。ゆっくりくるだろう
　水の滴りのように、また、
朝靄から洩れてくる虫の音のように。
そして夜は深く更けても微明るくて

真昼は眼もくらむ光にみちて
夕暮には胸赤き鳥たちの群れ舞うところ。

ああ、明日にでもあの島へゆこう
なぜならいまの僕には、いつも
昼も夜も、あの湖の水の
岸にやさしくくだける音が聞こえるからだ。
　車道を走っていようと
　汚れた歩道に立っていようといつも
あの水の音がいつも
心の奥底のほうに聞こえるからだ。

あれ？　これはどこかで聴いた覚えがあるという人もおられるでしょう。そうです。『ミリオンダラー・ベイビー』です。二〇〇五年に公開されたクリント・イーストウッド監督、ヒラリー・スワンク主演のハリウッド映画ですね。この作品の中で重要なモチーフになっているのがこのイエーツの詩でした。余談ですが、この映画は見ておいて損はしません。女性ボクサーの映画ですが、すごいパンチが飛んできますよ。

さて、たしかに日本人であれ西洋人であれ、聞こえる人には聞こえるし、聞こえない人には聞こえない、そういう音、あるいは声があるのかもしれません。必ずしも東洋と西洋というように単純に区別できるものではないかもしれませんね。だからこそそれが、仏の声であり、神の声と呼ばれるのかもしれません。

最後に「ヨハネによる福音書（十二）」の一節です。白隠禅師の逸話と比べていかがですか？

「今、わたしは心騒ぐ。何と言おうか。『父よ、わたしをこの時から救ってください』と言おうか。しかし、わたしはまさにこの時のために来たのだ。父よ、御名の栄光を現わしてください」。すると、天から声が聞こえた。「わたしは既に栄光を現わした。再び栄光を現わそう」。そばにいた群衆は、これを聞いて、「雷が鳴った」と言い、ほかの者たちは、「天使がこの人に話しかけたのだ」と言った。イエスは答えて言われた。「この声が聞こえるのは、わたしのためではなく、あなたがたのためだ」。

孤独地獄

一

芥川龍之介の掌編、『孤独地獄』をご存知でしょうか。

この話を自分は母から聞いた。母はそれを自分の大叔父から聞いたと云ってゐる。話の真偽は知らない。唯大叔父自身の性行から推して、かう云ふ事も随分ありさうだと思ふだけである。

という書き出しで始まるこの作品、登場人物は、筆者の大叔父という細木藤次郎と放蕩三昧の禅僧である禅超の二人です。その禅超がこのように語っている一節があります。

仏説によると、地獄にもさまざまあるが、凡《およ》そ先《ま》づ、根本地獄、近辺地獄、孤独地獄の三つに分つ事が出来るらしい。それも南贍部洲下過五百踰繕那乃有地獄《なんせんぶしゅうのしもごひゃくゆぜんなをすぎてすなはちぢごくあり》と云ふ句があるから、大抵は昔から地下にあるものとなってゐたのであろう。唯、その中で孤独地獄だけは、山間《さんかん》曠野樹下空中《くわうやじゅかくうちゅう》、何処へでも忽然として現れる。云はば目前の境界《きょうがい》が、すぐそのまま、地獄の苦艱《くげん》を現前するのである。自分は二三年前から、この地獄へ堕ちた。一切の事が少しも永続した興味を与へない。だから何時でも一つの境界から一つの境界を追って生きてゐる。勿論それでも地獄は逃れられない。さうかと云って境界を変へずにゐれば猶《なほ》、苦しい思いをする。そこでやはり転々としてその日その日の苦しみを忘れるやうな生活をしてゆく。しかし、それもしまひには苦しくなるとすれば、死んでしまふよりも外はない。昔は苦しみながらも、死ぬのが嫌だった。今では……

この「孤独地獄」については、『望月仏教大辞典』に以下のように解説されています。

現在の世界等に孤立散在せる地獄を云ふ。大毘婆沙論第百七十二に「贍部洲の下に大地獄あり、贍部洲の上に亦邊地獄及び獨地獄あり。或は谷中に在り、或は山上に在り、或は曠野に在り、或は空中に在り。餘の三洲に於ては、唯邊地獄獨地獄のみありて大地獄なし。所以は如何、唯贍部洲の人は善を造ること猛利なり、彼れ悪業を造る亦猛利なり。餘洲には非ざるが故なり」と云ひ、倶舎論第十一に「餘の孤地獄は各別の業にて招く。或は多、或は二、或は一なり。所止差別多種にして處所不定なり。或は江河山邊曠野に近く、或は地下、空及び餘處に在り」と云へる是れなり。

つまり、各人各自につくった別々の業によって招く地獄、それが「孤独地獄」であり、虚空や山野に散在するとされるようですね。

「孤独」の孤というのは幼くして父母無きを言い、独は老いて子無きを言う、だから孤児と呼ぶし、独居老人と呼ぶだろうと漢詩文の師匠であった浄松軒若藤正芳《わかふじまさよし》先生（一九二三～一九九八）から教えていただいたおぼえがあります。solitude と loneliness も同じく孤独を意味しても微妙にニュアンスが違いますよね。

「孤独は怖いが、一人は好き」などのように、概して「孤独」という言葉はあまりよい意味にはとられないようですね。「孤独死を防ごう」などとも言われるようですが、死というのは本来孤独なものではなかったのでしょうか。「孤独死」が望ましくないとなれば、その逆は「集団死」なのでしょうが、これも問題があるようで、なかなか厄介ですね。

禅宗の修行僧を英語で呼ぶときに、Zen monk といいますが、これも不思議な呼び方です。そもそもキリスト教で修道士を意味するmonkとは、ギリシャ語のmonosが語源で、「一人」というのが本来の意味です。モノクロのモノやモノローグのモノと一緒ですね。一方で、僧とは「僧伽」であり、サンスクリット語で「集団」を意味するサンガの音写です。だから一人でいる人は、僧とは呼ばれないことになります。余談ですが、cloister（修道院）とrecluse（世捨て人）の語源はラテン語のclaudere（閉じる）でしたね。

二

もうずいぶん昔の話になりますが、「東西霊性交流プログラム」でシンポジウムのときに、鍵が話題になったことがありました。日本の禅僧がキリスト教の修道院に滞在したときに疑問に感じたのが、門や扉にたくさん鍵がかけられているのは何故かということだったのです。日本の禅堂は来るものを拒まず、去るものは追わずで、こんなにあちこちに鍵をかけない、愛の教えを説きながら人を閉め出すのは矛盾しているではないかと問いかけたのでした。

それに対して、カトリックの神父さんが、「神と向かい合うためには一人にならなければならない。そのためには鍵が必要なのだ」と答えていたのを憶えています。そういえば他の機会でも

「孤独は逃れるものでなく、向かい合うものだ」と話してくれた修道士がいました。

道元禅師は「群を抜けて益なし」と説かれて、僧堂の集団生活では寝起きを共にするのだから、各自が銘々勝手に行動することは許されないと戒められたと聞いています。みんなが寝てしまった後に、一人だけ坐禅を組むというのは「我執我慢」になってしまうのだそうです。宗教者の共同生活にもいろいろあるものですね。

そのような個と集団の兼ね合いをたくみに解決している宗教共同体が西洋にあります。カルトジオ会という修道会です。キリスト教カトリックの修道会は大きく二つに分けることができて、社会にあって奉仕活動に専念する活動修道会と生涯を修道院の中で過ごす観想修道会とがあるようです。

その観想修道会の最右翼がカルトジオ会ですね。会の創立は一〇八四年に聖ブルーノ（一〇三〇～一一〇一）が六人の同志とともにグルノーブル郊外のラ・グランド・シャルトルーズ（ラテン語でカルトゥジア）に修道院を建てたのがはじまりだそうです。

その特色が、隠修生活と共同生活の結合にあります。そもそも古代の隠修士を模範とする孤独な生活を、ベネディクトゥスの精神にならった共住の形態で営もうとしたのですね。だから、その修道院建築は独特なもので、独立した小菜園をめぐらした単独の小家屋の結合から成り立っています。

修道士は一日に三度、聖堂に集まる以外には全く孤独の中に勉学、労働の生活を送ります。沈黙を守り、食事は一日に一度で、厳格な菜食です。ちなみに日曜日と祝日には共同で食事をとるのですが、それは互いに生存を確認するためだそうです。

Cartusia numquam reformata,
Quia numquam deformata.

「カルトジオ会は堕落しないので、改革もない」と教皇インノケンティウス十一世から称えられ、中世末期には多くの神秘著作家を輩出したこの会は、現在でも頑なに創立以来の伝統を守っているようです。

山折哲雄先生が『神秘体験』（講談社現代新書）というご著書で、このカルトジオ会のことに触れておられます。日本からフランス北部にあるグランド・シャルトルーズ修道院に取材のための受け入れを依頼した手紙を出したら、折り返しで拒絶の旨の返事が来たこと。にもかかわらずフランスに行って、シャルトルーズ修道院の門前にまで辿り着いたが、結局入れなくてあきらめて帰ってきたことなどが述べられています。

一九九七年、フランスで第五回の霊性交流が実施されたときに、わたしは偶然にそのシャルトルーズ修道院の中に入れてもらえました。滞在していたトラピストのタミエ修道院で製造していたチーズの配達に同行して厨房に入っていって、ついでに内部を案内してもらったのです。

山折先生にお会いしたときにその話をしたら、先生が「あなたはお坊さんだから入れてもらえたんだよ。よかったね、機会があったらシャルトルーズのことを書いてよ」と言われました。

私の拙い文章ではとてもあの修道院のことは書き尽くせませんが、最近、シャルトルーズの修道生活を記録しているDVDが入手可能になりました。一昨年、フィリップ・グレーニングというドイツの映像作家が半年間この修道院で生活して、その取材成果をドキュメンタリー映画として製作したそうです。それが「DIE GROSSE STILLE」というタイトルで、昨年の十一月にDVDになって販売されているようですね。興味のある人はそれをご覧になればよいと思います。

ちなみにこの人は、二十年間ずっと修道生活の撮影の許可を依頼し続けて、やっと許されたのだそうです。それでも撮影に絶対反対の修道士がいて、彼らは取材期間中は別の修道院に移っていたのだそうです。

それも当然だろうと思いますし、むしろよく撮影の許可が得られたものだと感心します。カルトジオ会の生活は二つの言葉だけで表現できます。すなわち、Soli Deo（神だけのために）ですね。祈りと観想で、内面的に神と一つになるために、ただ神のみを求める。禁欲、清貧、孤独、沈黙、断食、徹夜が毎日毎日続きます。そんな彼らにとってマスコミの取材など邪魔者以外の何者でもないからです。

霊性交流プログラムのおかげで私はたくさんのキリスト教修道士、修道女の方々とお会いする機会に恵まれました。厳律シトー会やベネディクト会、カマルドリー会のような観想修道会の修道士のみなさんの顔もすぐに思い出せます。彼らはみな、人間の顔をしていたからです。ところが、カルトジオ会の修道士の顔は永遠に忘れられないのです。なぜなら、彼らは人間の顔をしていなかった。目です。目が違うのです。

三

最盛期の十四世紀には約百四十の僧院を数えたカルトジオ会も現在は、十九の男子修道院と五つの女子修道院から構成されており、三百七十人のブラザーと七十五人のシスターがいます。たとえば入門希望者の十人中八人は自ら去り、残る二人も何人かは修道院から拒否されるそうです。そもそも四十五歳以上の方は入会お断りなのですから。

なぜそんなに厳しいのでしょう。それはすでに申し上げたように、彼らの日常生活にその理由があります。カルトジオ会のホームページ（！）をご覧になればよくわかります。

起床は午後十一時三十分です。就寝ではありませんよ、起床です。午前十二時十五分に朝課が聖堂で行なわれるのですね。これが三時間ほど続いて、終われば部屋というか房に帰って再び寝ます。だから午前三時頃には床に就くのでしょう。付け加えるならば、狭くて固い麦わらのベッドでした。午前六時三十分に起きて午前七時から第一課が始まります。あとはほぼベネディクトの戒律に準じて祈りと労働の時間が交互に流れます。

一日の最後は午後六時四十五分の終祷で締めくくられて、午後八時頃には就寝となるようですね。夕食？　食事は一日に一度と申し上げたでしょう。午前十二時に食事当番が房の小窓から差し入れてくれます。厳格に沈黙が守られているので、会話を交わすということはありません。連絡などは各自のメッセージボックスにメモをいれます。

冬は二メートルほども雪の積もる厳冬地帯ですから、自分の房のストーブで炊く一冬分の薪を作っておかなければなりません。修道院の中を案内してもらったときに無人の房に入れていただきましたが、地階には原木が積み上げられ、オノとノコギリがありました。一階の部屋の質素な机の上には木のスプーンとフォークだけがぽつんと置いてありました。正直なところ、滞在していたトラピスト修道院が天国に思えて、早く帰りたいと思ったものです。

さて彼らの目が違うと言いましたが、実は同じような表情の目を日本でも見たことがあります。それは臘八《ろうはつ》大摂心《おおぜっしん》で、一時的に精神に異常を来たした雲水の目でした。ご存知の如く臘八大摂心というのは、禅宗の修行道場で釈尊の成道にあやかって、十二月一日から八日の早朝までを一日と見立て、ほぼ不眠不休で坐禅に徹する修行です。

そういう荒行ですから、時には一時的に自分を見失って軽い錯乱状態に落ちる修行者もいます。私が侍者寮という世話役の当番のときに一人そういう雲水がいて、様子を聞くのにこちらは彼の目を見て話そうとするのですが、どうにも視線が合わなかったという思い出があります。

彼も私の目を見て話そうとしているようなのですが、お互いの目と目が合わないのです。どうも彼の視線の先をたどると、私の目を突き抜けて後頭部の三十センチくらい後ろの空間に焦点が合わされているような感覚でした。もっとも私も一緒に臘八摂心の真っ只中にいたわけですから普通ではなかったのかもしれませんが。

要するにカルトジオ会の修道士たちは、一日の睡眠を意図的に約三時間ずつ二回に分割しているわけで、人為的な断眠という禅堂の臘八摂心と同じような修行システムを採用しているのですね。だから彼らの目に何かを感じたのかもしれません。

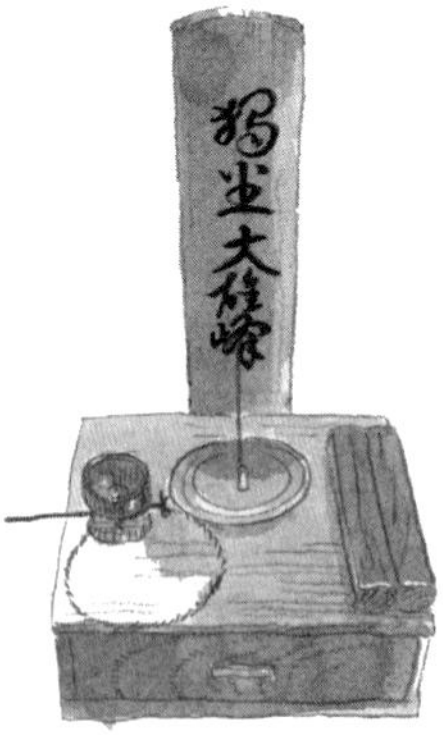

ではなぜ、あえてそのような状況に追い込むのか。それはやはり、「日常」の本当の意味を知

るためには、「非日常」を体験しなければわかるものではないからでしょう。また肉体と精神を極限まで追い込むことによって、初めて見えてくる世界というのもあるのではないでしょうか。人はそれを啓示と呼ぶのかもしれませんし、法悦と名づけるのかもしれません。

ところで芥川の『孤独地獄』では先ほどの禅超の言葉に続いて、このような描写が続きます。

最後の句は、津藤の耳にはいらなかった。禅超が又三味線の調子を合せながら、低い声で云ったからである。——それ以来、禅超は玉屋へ来なくなった。誰も、この放蕩三昧の禅僧がそれからどうなったか、知ってゐる者はない。

そして以下の言葉で作品を締めくくっています。

自分の中にある或心もちは、動《やや》もすれば孤独地獄と云ふ語を介して、自分の同情を彼等の生活に注《そそ》がうとする。が、自分はそれを否《いな》まうとは思はない。何故かと云へば、或意味で自分も亦、孤独地獄に苦しめられてゐる一人だからである。

どうやら人間の世界には、いろいろな孤独があるようですね。

南無阿弥陀仏

一

私の修行した天龍僧堂では、摂心中などに大衆を策励するために、よく峨山和尚の念仏婆さんの話が出る。告報といって、先輩が禅堂を警策を担いで回りながら話すのである。

昔、ある所に大層、念仏に熱心な婆さんがいた。朝から晩まで、起つに着け坐るにつけて南無阿弥陀仏と唱える。お寺詣り、法話聴聞も欠かしたことがなく、世間からは念仏婆さん、念仏婆さんと呼ばれて、いわば妙好人の代表のようにいわれていた。

ところが、その婆さんが死んだら、あろうことか地獄の黒門へひっぱり込まれてしまった。婆さんビックリ仰天、泣いて閻魔さんに訴えた。

「私は娑婆にいた時は念仏を欠かさず、念仏婆《ねんぶつばば》といわれた者です。その念仏を車に一ぱい

積んで参りましたから、どうぞ極楽へやってくださいまし」

閻魔さんは、鬼どもに命じて婆さんの持ってきた念仏を調べさせた。鬼どもが婆さんの念仏を一枚一枚調べてみると、ああ孫が小便する南無阿弥陀仏、おお火が燃える南無阿弥陀仏、あっ危ない南無阿弥陀仏、暑いあつい南無阿弥陀仏といったあんばいで、大八車一ぱいに積み込んできたのはみんな空念仏ばかりだった。

そこで、あわや地獄行きの判決が下されようとしたが、何やら箕《み》の底でごとごというものがある。鬼どもが何だろうと取り出してみると、どうやら実のありそうな念仏である。ハテナと天眼鏡か何かでよくよく調べてみたら、それは婆さんがまだ若い娘のころのある夏のこと、例のようにお寺参りをするために広い野原に通りかかった時、一天にわかにかきくもり、大夕立がやってきた。ごろごろぴかぴか、雷鳴もひどい。婆さん生来雷ぎらいときているので恐ろしくてたまらず、一心不乱にナンマイダ、ナンマイダと念仏しながら道を急いだ。すると、一段と物凄い稲光りがしたかと思うと、がらがらぴしゃっと眼の前に大きな音と一緒に雷が落ちた。そのとき、婆さん思わず大声で、「南無阿弥陀仏」と一所懸命に絶叫すると、そのまま意識を失って倒れてしまった。

この一声の念仏だけが実のはいったもので、あとは全部カラ念仏だったわけである。しかし、婆さんは、この一枚の念仏の功徳で、閻魔さんから極楽行きが許された、ということである。直日さん（禅堂内で雲水を指導する役目）はこういって念仏婆さんの物語りをしたうえで、「お前らの坐禅は何だ。牛の糞でもつくねたようにペシャリとすわって、情けない格恰《かっこう》をしている。そんなことでは初関は絶対に透れるものではない。念仏婆さんのように下っ腹に力を入れて一つムーッとやってみい！」というような叱咤激励のはげしい言葉を浴びせられるのである。

（大森曹玄『参禅入門』）

私も大森曹玄老師と同じく天龍僧堂の修行者として、この「念仏婆さん」の話を直日を務める摂心のたびに得意になって告報していたものです。

ところが或る時、坐禅の修行に来ていた浄土真宗のお坊さんから、思わぬご指摘をいただきました。「お婆さんの最後の念仏は、念仏としてはランクが低い。むしろ、カラ念仏がいいのです」と言われるわけです。定心念仏と散心念仏の違いとでもいうのでしょうか。つまり、何かのために唱える念仏というのは間違っている。まだ自力のはからいが残っている。念仏は決して往生を得るための方便や、手段ではないとおっしゃるのですね。

ご存知のように白隠禅師は、「須らく知るべし、話頭も称名も、総に是れ開仏智見道の助因なることを」（『遠羅天釜』）と、公案修行も称名念仏も同じく開悟見性のための手段と見なしています。どうやら自力聖道門と他力浄土門が互いに理解しあうことはなかなかむつかしいようです。

個人的には、他力といっても決して他者の力というのではなくて、むしろ自力を自力たらしめているのが真の他力ではないかとも思われます。

さらに同じく念仏といっても、あたかも禅に臨済の公案禅と只管打坐の曹洞禅があるように、宗派によって見解の違いもあるようですね。たとえば鈴木大拙がその将来を嘱望していた柳宗悦《やなぎそうえつ》（一八八九〜一九六一）は言っています。

法然上人は言う、「人が佛を念ずれば、佛も亦人を念じ給う」と。
親鸞上人は言う、「人が佛を念ぜずとも、佛は人を念じ給う」と。
然るに一遍上人は言う、「それは佛が佛を念じているのである」と。
（『柳宗悦・宗教選集4』）

法然（一一三三〜一二一二）の念仏は人と仏との交わりであり、親鸞（一一七三〜一二六三）の念仏は仏から人へのはたらきかけである。しかし、一遍（一二三四〜一二八九）の念仏は、念仏が念仏を唱え、名号が名号を聞くものだとして、どうやら柳は一遍上人の念仏をもっとも高く評価しているようです。

一遍上人の名は私たちに、「法燈国師参禅伝説」を思い起こさせます。有名な一句がありましたね。「となふれば佛もわれもなかりけり南無阿彌陀佛南無阿彌陀佛」

二

その柳は、念仏と禅の違いをこのように説明しています。禅は「天上天下唯我独尊」であり、徹底的に自己の中に大なるもの(仏)を突きとめようとする。念仏は「天上天下唯我独愚」であって、ひたすら自己の中に小なるもの(凡夫)を見つめんとする。禅が己の無限大を覚る道なら、念仏は己の無限小を省みる道であると。

その「無限」と言う世界との関わりにあって、禅と念仏が一見すると異なっているようで、実は共に等しく仏の道であるという地平が開けてくるのでしょう。意外なことに禅者と念仏者は、全く同じような信仰告白をしているのです。それは「恥ずかしい」という感慨の言葉です。

宋代の禅僧、虚堂智愚《きどうちぐ》(一一八五〜一二六九)の「分に随って羞を知る」。また五祖法演《ごそほうえん》(?〜一一〇四)の「我れ参ずること二十年、今はじめて羞を識る」などはよく知られていますね。さらに道元禅師も言われています。「正法にあふて身命をすてざるわれらを慚愧せん。はづべくは、この道理をはづべきなり」(『正法眼蔵』)。

かたや親鸞上人は述べておられます。「かなしきかな愚禿鸞、愛欲の広海に沈没し、名利の大山に迷惑して、定聚の数にいることをよろこばず、真証の証に近づくことをたのしまず、はづべしいたむべし」(『教行信証』)。また、妙好人(浄土真宗に於ける篤信者)として知られる浅原才市《あさはらさいち》(一八五〇～一九三二)は語ります。「はづかしや、わしのこころのはづかしや、ほをにみとれて、はづかしや」。また讃岐の庄松の問答にもあります。「或人庄松に尋ねて曰へるに、『喜ばいでも御浄土へ参られるだろうか』。庄松が答に、『参られる、参られる』と。又暫くして曰く、『喜ばんのに御浄土へ参られたら、阿弥陀様に愧かしかろぶぢゃ』」。

このように禅者も念仏者も一様に羞恥の心境を吐露しているのです。しかし、そこにはやはり微妙な差異があると思います。おわかりになりますか? それは「恥の二面性」ということだと思います。

およそ「恥」という現象は非常に複雑です。現代の心理学でも多種多様な状況における人間の羞恥の感情を統一的に説明できる万能理論は、まだ存在しないとされているそうです。つまり、よくわからないのです。

人はなぜ恥ずかしがるのか? 考えてみてください。私たちは人前でみっともない振る舞いをしたとき、恥ずかしいと感じます。しかし、人前で誉められたときにも恥ずかしいと感じるでしょう。恥にはマイナス価値に関わる恥もあれば、プラス価値に対して生じる恥もあるのです。これを「恥の二面性」と呼びます。ではそれを、念仏と禅の世界にあてはめて考えてみましょう。

浅原才市はしばしば、「うれし、はずかし」と述べています。顧みれば、自己の小ささは恥ずかしい。凡夫の自分が恥ずかしい。マイナス価値の恥ですね。しかし、恥ずかしいと深く省みるその刹那こそが、浄土に迎えられるその時に他ならないのですから、嬉しいのでしょう。念仏者の法悦は常に慚愧を伴う。

一方で禅者が本来の仏性に目覚める開悟の瞬間、それは歓喜の刹那でもあります。しかし、凡夫の自分が大なる仏であることを知って恥じ入ります。自己の大きさが恥ずかしいのです。仏の自分が恥ずかしい。プラス価値の恥でしょう。「到り得帰り来たって別事なし」。仏凡一体でありながら、自分が仏としてのみ光り輝くことを恥じるのではないでしょうか。

どうやら念仏者、禅者のどちらからも反論が聞こえてきそうですね。ぜひとも忌憚の無いご意見を寄せていただきたいものです。

三

よく自力修行の難行に対して、他力念仏の立場を易行と呼ぶようですが、それは大きな誤解で、念仏は決して安易な行ではないと思います。

例えばこのように考えられるのではないでしょうか。あなたが一人で海外旅行に出かけたとします。地中海の小島でフェリーから降り立ったあなたは今夜の宿を決めなければなりません。そのとき自分の持っているガイドブックの地図をたよりにホテルにたどり着こうとするのが自力の立場なら、あなたに近づいてきた見知らぬガイドらしき人物から「ユー、ホテル？　カム、カム」と言われるままに、その案内に従って行くのが他力の立場でしょう。

途中で不安になって、こっそりガイドブックなんか確かめたりしてはいけませんよ。それでは真の他力とは言えません。徹底的に自力を捨て去る自力がなければ、他力の神髄には届かないのではないですか。

これは『蓮如上人絵伝』にある話です。

文明六（一四七四）年三月二十八日の夕方、吉崎御坊で南大門番所本覚坊納屋から火が出ました。おりからの強風にあおられて、寺内四十八棟のうち九棟が、さらに西正門や本堂までも焼け落ちてしまったそうです。

この大火事の中で蓮如上人は大変なことに気づきました。宗祖親鸞上人の真筆の『教行信証』のうち、「信の巻」を持ち出すのを忘れてしまったのです。「このまま捨て置けば、来世の同行は勧化の杖を失ってしまう」と肩を落とした蓮如上人の前に、一人の若い僧が進み出ました。本光坊了顕です。彼は事情を聞くと「南無阿弥陀仏」の念仏もろとも燃え盛る火の中に飛び込んで行ったのです。

必死の思いで上人の居間にたどり着いた了顕は、その机に置かれていた「信の巻」を見つけました。しかし、火勢が激しくて我が身も危うく、とても無事に持ち出せそうにもありません。了顕はとっさに机の上にあった懐刀を引き抜くと、自分の腹を十文字に切り開き、その中に教巻を収めたのです。

やがて火の勢いも収まりました。崩れ落ちた焼け跡を探すと、黒焦げになった了顕が見つかりました。蓮如上人は泣きながら了顕の顔をなでると、了顕の両目が開き、何か言いたそうに自らの腹を見ます。上人が無残な傷口を確かめるとその中に教巻が収められていました。取り出してみると、なんと傷一つ付いていなかったそうです。

蓮如上人が涙にくれながら感謝の意を伝え、「心静かに往生するのだよ」と語りかけると、了顕は念仏を唱えながら往生したとされています。

この「信の巻」はその後、「腹ごもりの教行信証」と呼ばれて、今も京都の西本願寺に伝えられているそうです。これは蓮如上人が六十歳のときの出来事であり、了顕は二十九歳の若さだったと伝えられています。

さていかがでしょう。このような場合、私たちは「腹ごもりの臨済録」を持てるでしょうか。いいえ、禅僧には本光坊了顕のような勇気は無いだろうなどと言っているのではありませんよ。このあたりが禅のむつかしさなのでしょうが、『臨済録』には「仏典祖録などは尻拭き紙に過ぎない」と書かれているのです。

こんな夢を見た

一

夏目漱石に『夢十夜』という掌編がある。「こんな夢を見た。」で始まる幽明界を共にするような十篇の小品集だ。漱石は原稿用紙の表裏を往還するように、夢と現《うつつ》の世界を綾錦のように織り成している。

読み進むにつれてその文体は蝋人形の断末魔の如く融け崩れ、その文脈はさながら頻脈から不整脈に陥る。作品に対峙する我々はまるで「夢中」に徘徊するようでもある。

その二作目、「第二夜」には悟りを開こうとして必死に苦悶する侍が登場する。おそらくは漱石自身の若き日の参禅体験が反映されているにちがいない。漱石自身は二十七歳の時、鎌倉円覚寺に参禅している。

彼の作品の『門』には、その時の所与の公案が「父母未生以前本来面目《ぶもみしょういぜんほんらいのめんもく》」であることが述べられている。少しでも室内の修行の経験がある者が読めば、おたがいに身につまされる切ない物語だ。

和尚の室を退《さ》がって、廊下伝《ろうかづた》いに自分の部屋へ帰ると行灯《あんどう》がぼんやり点《とも》っている。

（『文鳥・夢十夜』以下同じ）

舞台の設定は夜の禅寺である。行燈の燈芯を掻き立てて明るくなったと描かれているが、それがかえって部屋に満ちる漆黒の闇を際立たせている。侍の手にするのが朱鞘の短刀だ。この黒と赤のコントラストは言うところの「玄」を象徴しているのだろうか。

「玄の又《また》玄、衆妙の門なり」（『老子』）。もともと「玄」とは赤みがかった黒をいう。布地を黒く染めるには黒の染料だけで染めたのでは上手く染め上がらないことをご存知だろうか。最初に赤く染めてから、次に黒く染め直すのだそうである。これは絵画でも同じだそうで、下地を赤く塗ってから次に黒を載せると聞く。それで初めて黒が生きるのだそうである。

赤味を帯びた黒こそが根源的な世界を表わす色だというのは興趣をそそる。それは我々が胎児の時に最初に見る色彩でもある。すなわち赤色は母親の子宮の中の血と肉の色であり、それが光の指さない胎内の黒い闇の中に溶け込んでいるのだから。
ゆえにこの作品の端緒そのものが「父母未生以前」の世界、二元分別以前の世界を暗示していると考えてもよいのではないだろうか。
つぎに登場人物は侍と和尚の二人。これは漱石という一箇の人間に同時に存在している、相反する二面性を暗示するのだろう。

お前は侍である。侍なら悟れぬ筈はなかろうと和尚が云った。そういつまでも悟れぬところをもって見ると、御前は侍ではあるまいと言った。人間の屑じゃと言った。ははあ怒ったなと云って笑った。

「悟った上で、今夜また入室する。そうして和尚の首と悟りと引替にしてやる」と息巻いている侍は、ひたすら悟りを求める漱石。闇にぬめぬめとした坊主頭を光らせて笑っている和尚は胎児の化身でもあり、産道を通って主客已分の世界にけっして出ようとしない、漱石の悟りのメタファーであろう。漱石が殺さずにはおかれぬ、不倶戴天の仇敵でもある。

隣の広間の床に据《す》えてある置時計が次の刻《とき》を打つまでには、きっと悟って見せる。

二

侍が解決しようとしている公案は「趙州無字」だ。

悟ってやる。無だ、無だと舌の根で念じた。無だと云うのにやっぱり線香の香《におい》がした。何だ線香のくせに。

「無字」の工夫は一息一息に繰り返し「無」に徹することが要求される。そこでは「無」は啻《ただ》に有無の「無」でないことは言うまでもない。「昼夜提撕《ていぜい》して、虚無の会《え》を作《な》すこと莫れ、有無の会を作すこと莫れ」（『無門関』第一則）。

そして「若し間断せずんば」、やがて意味飽和（semantic satiation）が発生する。つまり我々が一定の意味を表わす事象を反復していると、その本来の意味を認識することができなくなるという現象だ。

たとえば「無」「無」「無」「無」と何度も繰り返していると、ある時点で「無」という単語が持っていた意味が、自分が発している「無」という音のなかに見当たらなくなっていることに気付く。

いつのまにか「ム」という空虚な音の連続になっている。

「言語は只だ是れ載道《さいどう》の器《き》なり」（『碧巌録』第十二則評唱）と古人は言った。ときに容量を超えると器にヒビが入って漏れ出したり、載せきれない「道」が外に溢れ出してしまうのだろう。

この現象は音響的だけでなく、視覚的にも発生するとされている。意味飽和はすべての意味の場に共通して起こる現象なのである。

さらにこの意味飽和は単にその言葉の本来の意味が消失するだけでなく、新たな意味をも創製してしまう。言葉にはそもそも一つだけの意味にとどまることに飽き、別の意味を生成する働きが備わっているに違いない。

意味飽和という現象は、本来、言語の「意味」というものは、意味を表現する媒体と、それに関わる当事者との関係、両者の交流の中で生み出されることも示している。

別の視座から考えてみよう。「ヘビだ！」という言葉は、オーストラリアのアボリジニの親子の間で交わされれば、「父ちゃん、晩ごはんのおかずだ！」という意味かもしれない。

しかし、愛宕山にトレッキングに来ている京都のボーイスカウト同士なら「咬まれるで、気ィつけや！」という警告だろう。

美術館に画学生たちの引率で来ている教師が聖書をモチーフにした絵画の前でささやけば、「ほらごらん、悪魔の化身だよ」という解説になる。

このように言葉はコンテキストの紡ぎ出す繭の中で羽化し、自在に飛翔して我々を蠱惑《こわく》する。あるいは「言語道断」という言葉を想起してみよう。現在では「とんでもないことだ」「もってのほかだ」というような意味で用いられる。しかし、かつては別の意味で使われていた。『瓔珞経《ようらくきょう》』因果品などに見えるこの言葉は、禅家で愛用されて「言語道断、心行処滅《しんぎょうしょめつ》」と言い慣わされてきた。

「言語道断」とは、「言語の道は断たれる」ということで、言葉に頼って真理に肉迫する方法は断ち切られる。さらに「心行処滅」で、観念的な認識も型にはまった修行ももはや成り立ち得ないと説いたのである。

つまりそこから先は自分の力で何とかしろという、まさに禅修行の真骨頂を説いている一句なのである。

そのうちに頭が変になった。行灯《あんどう》も蕪村《ぶそん》の画《え》も、畳も、違棚《ちがいだな》も有って無いような、無くって有るように見えた。と云って無はちっとも現前しない。

この短いストーリーの中に公案工夫の縮図といってもよいような、禅の修行者の心理の変遷の過程が描写されていることにお気づきだろうか。

悟りというようなものが実体として存在すると期待して取り組もうとしている最初の段階。次に、結跏趺坐を組んでさまざまに煩悶苦闘する時期。やがて、「有って無い様な、無くて有る様に」という非日常的な不思議な感覚の到来。

実は当人の知らないうちに無字の妙境に入りかけているのだ。ところが、相変わらず「無」を認識対象として把握するに止まったままで、大団円を迎えようとしているもどかしい様子がここに描かれている。

三

忽然隣座敷の時計がチーンと鳴り始めた。

はっと思った。右の手をすぐ短刀にかけた。時計が二つ目をチーンと打った。

作品はこのように余韻を響かせて締め括られる。この短編で印象に残るのが、感覚器官に関連する描写の多さだ。「焚き残した線香が暗い方でいまだに臭っている」（嗅覚）「黒い天井に差す丸行灯の丸い影が、仰向く途端に生きてる様に見えた」（視覚）「身体の血が右の手首の方へ流れて来て、握っている束がにちゃにちゃする」（触覚）そして「時計が二つ目をチーンと打った」（聴覚）等など。

深く禅定に入って五官が鋭敏に研ぎ澄まされていることを示唆するだけでなく、漱石は暗に以下のような文章を連想していたのかもしれない。

衲僧家《のうそうけ》は声に騎《の》り色を蓋《おお》い、頭頭上《ずずじょう》に明らかに、著著上《じゃくじゃくじょう》に妙なることを。是の如くなりと然雖《いえど》も、且《しばら》く道《い》え、声、耳畔《にはん》に来るか、耳、声辺《しょうへん》に往くか。直饒《たと》い響と寂と双《なら》び忘ずるも、此に到って如何《いかん》が話会《わえ》せん。若《も》し耳を将《も》って聴かば応《まさ》に会《え》し難かるべし、眼処《げんしょ》に声を聞いて方《まさ》に始めて親し。

（『無門関』第十六則「鐘声七条」）

禅僧たるものは音や色を使いこなし、あらゆる現象の一つ一つについてその真実を見極め、一挙手一投足に妙なる不思議のあることを見落とさない。

しかしそうはいっても、まずは答えていただこう。いったい音が耳にやってきて聞こえるのか。それとも耳が音を迎えにいって聴こえるのか。

たとえ音響も静寂も忘却してしまったという境地に入ったとしても、そういう世界の消息をどのように説明してみせるだろう。

このあたりは耳で音を聞いている限り、まるで理解できないだろう。そうではなくて、眼で音を聞くというくらいの力量があって、はじめて臍落《ほぞお》ちするにちがいない。

ところでこの侍は結局のところ、悟ることができたのだろうか、それともできなかったのだろうか。漱石はその謎解きを読者自身の裁量に一任したのだろうか。

そういえば、筆者の修行した天龍僧堂には独特な木板の打ち方が伝わっている。臨済宗の専門道場にはたいてい禅堂の前門に木板が下げられてあって、開静や放参といった時刻を修行者たちに報せるために打ち鳴らされる。
花園禅塾で雛僧教育を受けた筆者には天龍寺の木板の打ち方は奇異そのものであった。始めに大小小（コーン、コン、コン）と打ってから七五三の打ち流し（コーン、コン、コン、コン、コ、コ、コ、コ）があって、最後に小小大（コン、コン、コーン）で打ち上げとなるはずが、最初にいきなり打ち流しが入って、最後には三回の

打ち流しが付け加えられていて、賑やかなこと甚だしい。

なぜこのような打ち方なのか。高単の評席に恐る恐る尋ねたことがある。新到の不躾な質問に対して、訥々と答えてくれたのがこういう話だった。

昔は天龍寺でも大小小という、江湖と同じ打ち始めをしていたのだそうである。ところがある時、一人の願心に燃える真摯な修行者がいたのだそうだ。

彼はその年の臘八大摂心《ろうはつおおぜっしん》に際して、自分は命がけでこの難行に取り組み、必ずや悟りを開くと決意を固めたという。

ところが必死で坐禅に励んでも、いたずらに時間だけが過ぎるばかり。三日目、五日目となってもまったく悟れそうにもない。

そのうちとうとう最後の暁天喚鐘を残すばかりとなってしまった。

天龍寺の臘八大摂心では八日目の朝課の入室参禅を暁天喚鐘と称して、見性したと自負する雲水だけが入室することを許される。

八日間を一日に見立てる臘八大摂心だから、もちろん摂心の期間中は木板が打たれることはない。

いよいよその年の臘八大摂心も摂了となって、暁天喚鐘の朝課を報せる木板の最初の一打がコーンと打たれた。その無情の響きは、一人で曹源池のほとりで徹宵夜坐に励んでいた彼の全身を雷鳴のように貫いたのだ。

いまだに見性できないでいた彼はその木板の音の衝撃で、あろうことか悶死してしまったのだそうである。

そこでこのような不幸な事件が再び起こらないように、それ以来天龍寺僧堂で木板を打つときには、これから打ち鳴らすぞという前触れとして、最初に軽く打ち流しを一通入れるようになったというのだそうだ。

事の真偽を筆者は知らない。しかし、天龍寺に伝わるこの逸話、『夢十夜』の第二夜の作品と通奏低音が共鳴しているような気がしてならないのである。

山寺の和尚さん

一

童謡「山寺の和尚さん」には、異なった歌詞がいくつか存在する。

山寺の和尚さんが　まりはけりたし　まりはなし
猫をかん袋に押し込んで
ポンとけりゃ　ニャンとなく
ニャンがニャンとなく　ヨイヨイ

ちなみに右掲のバージョンは、作詞家の久保田宵二《くぼたしょうじ》（一八九九〜一九四七）によるものらしい。

愛猫家が聞いたら怒髪天を衝くに違いないこの作品には、モデルとなった和尚が実在するという。一説では江戸期の禅僧、鳥道恵忠（一七一一〜一七八八）がその人だそうだ。

白隠下の畸哲と称された鳥道の伝記は、「長堂和尚伝」として妙喜宗績《みょうきそうせき》（一七七四〜一八四八）の著わした『荊棘叢談』に見ることができる。あるいは、それに若干の加筆削除を施したほぼ同じ内容のものを荻野独園《おぎのどくおん》（一八一九〜一八九五）が『近世禅林僧宝伝』に収めている。その概略を簡単に紹介しておこう。

もともと古月門下で「趙州無字《じょうしゅうむじ》」の公案によって見処を得た鳥道は、さらに当時高名であった白隠に参じようとした。師の古月は慰留したが聞き入れないので、やむなく紹介状を書き与えて移杖を許した。

駿河に到って白隠に相見した鳥道は、白隠が自身の見処を認めたものと思い込んでいた。しかし、古月の添書を読んだ白隠にあっさりと自らの見処を否定されてしまい、たちまち発狂してしまったという。

そのまま筑後に帰って受業寺である大生寺の住持となった鳥道は、臘八摂心を寺の小僧や猫たちと一緒に坐禅を組んで執り行なったそうだ。もちろん猫がおとなしく坐っているわけがない。走って逃げ出す猫を捕まえては「なぜ寺の規則に従わないのか」と言いながら警策で打ち殺すこと、その数を知らずという惨状だったという。

愛猫家が聞いたら……、いや愛猫家でなくとも眉をひそめてしまいそうなこのエピソードが、件の童謡の歌詞となって歌い継がれるようになったのかもしれない。

ただし『荊棘叢談』に述懐されている「長堂和尚伝」が、史実に基づいた記述なのかは疑わしい。『白隠門下逸話選』と題して『荊棘叢談』の訳注書を禅文化研究所から公にされている能仁晃道師は、同書の鳥道の章に於いて『浮羽先哲遺芳』という資料に収められる鳥道の小伝を併せて紹介しておられる。

『浮羽先哲遺芳』とはその書名が示すとおり、福岡県浮羽郡の浮羽史談会によって大正五年に編纂された、いわゆる郷土の先達の伝記集である。そして、そこに見ることのできる鳥道は禅病に苦しんだという記述こそあれ、筑後の名刹大生寺の第八世住持として、誉れ高き三界の大導師にほかならない。

能仁師が紹介されている文章をここに再び引用して、両者を比較検討するのは簡単だ。だがそれでは、能仁師のせっかくのご労作が千年の滞貨になってしまう。興味のある方は、どうか師の著書を購入して確認していただきたい。

ここでは能仁師が紹介されることなく「中略」とされている箇所のみを、国会図書館所蔵本の複写から補足するに止めておこう。それだけでも鳥道がいかに近在の人士から敬慕されていたかが了解できるだろう。

近境に一浪士あり。師の大徳に歸依し常に朱鞘の大刀を佩びて來る。師曰く、山門何ぞ此の長物を用ひんと。浪士曰く、是れ武士の魂須臾も離すべからずと。師揶揄一番して曰く、長物は抜くに便ならず、君能く抜き得ば衲拜見せんと、浪士憤起將に拔かんとすれば、師急に中啓を以てその手を抑へ敢て拔かしめず、之を室の一隅に壓迫して恁麼と呼ぶ。浪士屈服刀を脱して謝し、愈々その人の畏敬すべきを知れり。師は操履綿密にして所謂千里眼を具せり。今日來賓あるべし、汝等心せよ、と云へば果して來賓あり。今日無常の風吹きたり、と云へば必ず葬儀の通告に接す。近村の某參詣途上巨瀬川を過ぎんとす。偶々雑魚の群するを見て心動き石に踞し烟を喫し、殆ど我を忘る。忽ち參佛の途なるに驚き匆々去りて山門に入り、禮拜了りて師に謁し喫烟すべく頻りに腰邊を探る。師微笑徐に曰く、汝嚮きに鱗族の爲めに烟具を奪はれしを忘れたるかと、某矍然對へん所を知らずして歸りきと。その透視率ね此の類にして當時活佛の稱あり。

以上がその部分である。刀自慢の侍を扇子一本でやり込めたり、葬儀の出来を予言するというような物見法師ぶりを発揮したりして、檀信徒から生き仏のように崇敬されていたということが如実にうかがえる。

さらには同章の末尾に次のような一文が小字で加えられていることを忘れてはなるまい。

編者云ふ、近世禪林僧寶傳に、鳥道を長堂と書し、且つ多く事實を違へり。讀者誤らる、こと勿れ。

『浮羽先哲遺芳』の編集者の言によれば、『近世禅林僧宝伝』には「鳥道」という僧名を「長堂」と書き、さらには事実と異なる記述が多い。読者のみなさんは誤解しないでいただきたい、となる。

二

では、いったいどちらの鳥道が本当の鳥道なのか。白隠下四世の妙喜宗績の記憶にある鳥道か、郷土の偉人として地元の人々から慕われる鳥道なのか、我々にそれを確かめる手立ては残されていない。

ちなみに白隠の語録である『荊叢毒蘂』巻九には、「肝禅人に示す」と題する偈頌が収められている。

示肝禅人

大地撮來無寸土　唯斯一片破蒲團
若人坐此法王座　抜卻儞無量病根

花園大学図書館所蔵の今津文庫本『荊叢毒蘂』は、東嶺とその弟子快麟による書き入れ本として知られるが、この偈頌を与えた「肝禅人」が「肥前」の出身であり、「狂病」に苦しんでいたことを示す傍注が書き込まれている。

「大地撮し來るに寸土無し、唯これ一片の破蒲団、若し人この法王座に坐すれば、儞が無量の病根を抜卻せん」。およその内容としては、「無字一枚、あるいは隻手一本の世界に徹底すれば、天地の間に何も無い。宇宙を一枚の座布団に収めてひたすら坐禅三昧である。もしこの空無の境地に到ることができたなら、おまえの病気なども消え去ってしまうだろう」というあたりだろうか。

先に掲げた『荊棘叢談』の鳥道の章には、白隠の以下のごとき嗟嘆の声が記録されている。

我れ平生、人を接すること極めて多し。中間、只だ筑後の長堂、及び某二人を誤る。其の一人は、我れ忘れたり。

たくさんの弟子を接化してきたが、筑後の長堂ともう一人だけは指導の方法を誤ったと。「我れ忘れたり」とはずいぶんな言い方だとは思うが、わざわざ偈頌を示し与えた「肥前」の「肝禅人」とは鳥道のことなのだろうか、あるいは別の人物なのだろうか。

同じく『荊叢毒蘂』巻六には、石井居士に宛てた白隠の書簡が収録されている。石井居士は今津文庫本では「玄徳老ノコト」とあり、筆者の手元にある書き入れ本には「本吉原ノ医ナリ」とある。いわゆる「比奈の一公三佰」と呼ばれる白隠門下の歴参の居士の一人である。そこにこのような一節がある。

予、嘗《かつ》て濃陽《じょうよう》に在りし日、陰僻《いんへき》の処に於いて、新蝉の殻を離れ、頭首、漸く出て、手脚、次第に脱して、末後左翼の殻に点する者二三分、滞著《たいじゃく》して蛻《ぜい》すること能わざるを見て、予、棄て去るに忍びず、其の皮殻に爪《つめ》して之を放つ。悲しむべし、予が力を添える所、拳縮《けんしゅく》して舒《の》びず。飛揚《ひよう》、之が為に快ならず。予、則ち慚汗《ざんかん》肌に満ちるのみ。此に於いて深く慨念す、今《こん》時《じ》、為人《いにん》の宗師、人の為に力を下す処、甚だ諦当《たいとう》ならざることを。

白隠が美濃に居たときにたまたまセミの羽化を見かけた。その様子を見ていたら、左の羽根だけがうまく広がらないでいるのがもどかしい。ついつい憐れみを感じて、爪で伸ばしてやったら、かえって羽根が縮んでしまって飛びづらくなってしまった。

余計なおせっかいをしてしまったばかりに、かえってセミに気の毒なことになってしまったのだ。思わず冷や汗が流れて、そこですっかり考え込んでしまった。

つまり、今時の修行者を指導する宗師家も、余計なお世話でもって修行者をかえって悟りから遠ざけているのではないだろうか。

大体このような趣旨であろうが、白隠がセミの羽化を譬喩に使っているのは実に象徴的と言えよう。

筆者のように山寺の住職を務めているとセミの脱け殻などは珍しくもないが、あの「空蝉」というのは実は脱け殻ではなく、天翔けるセミの成虫を創造するための鋳型だったのだなと思わされるときがある。あの半透明の金型に蛋白質を充填してセミの成虫を創り出したのだろう。

往々にして白隠禅は鋳型禅であると批判されるが、そもそも修行者を一定の型に填める段階自体はさほど困難ではないと思われる。問題は型を破るときなのではないだろうか。

伝統の型から抜け出て、個性（家風ともいう）と呼ばれる自分自身の形を確立させるのが難しい。「かた」（型）に「ち」（血）が通わないと、

「かたち」(形)にはならないのだ。

昆虫にとっても孵化の瞬間はもっとも無防備な状態であり、外敵に狙われやすい一番危険な時間であるとも言うではないか。それは禅にあっても修行者にとって、さらには指導者にとっても重要な結節点であることは変わらない。

たしかに禅の修行は難行だろう。しかし、禅が本当に難行たる所以は、むしろ他者の修行を正しく導くことにあるにちがいない。それは自利行より利他行が重要かつ困難であるという主張にも通じるだろう。何といっても、あの白隠禅師自身でさえ過ちを犯すのだから。

そういえば先師も時折つぶやいていたものだ。僧堂師家というのは法嗣を育てさえしたら、あとはセミの脱け殻のようなものだと。

手術台のモーツァルト

一

夏の終わりから、秋口にかけて入院した。私は病院が嫌いではない。むしろ好き、というより何となく肌に合う。なぜなら病院に来ると、不思議に故郷に帰ってきたような感覚さえするからだ。ある種のトポフィリアかもしれない。

実はこの原稿も入院中のベッドの上でキーボードを叩いているのだが、今も隣の病室から嘔吐の声が聞こえてくる。抗がん剤の副作用だろうか。そういう物音も私には母親が夕飯を呼んでいた声や、家の裏を流れていた小川のせせらぎのように響く。

思えば何度入院したことだろう。およそ子供の頃の夏休みの思い出といえば、友達と海に行ったり、家族で旅行したりという思い出が普通だろうが、私には消毒薬の匂いとメスの触れ合う金属音しか思い出せない。

宗教学者の岸本英夫（一九〇三〜一九六四）は『死を見つめるこころ』に、皮膚ガンのために植皮手術を二十数回受けたことを書いている。学者としては遠く遥かに及ばない私でも、患者としてならば十数回の植皮手術は経験している。ただ情けないのは、氏のようにその経験をエネルギーに変換して研究に活かせないことだ。

かくも頻繁に入院手術する理由は、左下腿障害の後遺症である。これは六歳の時の交通事故が原因だが、事故当時病院に運ばれた後、あの子はおそらく助からないだろうと近所で噂になるくらいの大ケガだったらしい。いわば死に損ねて四十六年、ずいぶんと長い余生であることよ。けっきょく小学校に入学する前の一年余りを病室で過ごしたから、保育園、さらには幼稚園に通園していない。これが我が人生最大の学歴コンプレックスだ。院よりも園に行っていないことに負い目を感じる。

ただし、私は英検が一級で珠算は二級だが、障害者手帳は四級にすぎない。そんな中途半端なランクで一人前の障害者面をするな、と叱られそうだから、この世界もなかなかシビアなのである。

さて、病院は言うまでもなく「四苦」、すなわち生老病死が四点セットで凝縮されている負のアジールでもある。総合病院ともなれば、産科で新しい生命の誕生があり、入院患者に見えないところで霊安室に死体が運ばれている。徘徊する老人もいれば、救急車で急患が搬入される。その本質自体はけっして変わらないが、医療のスタイルは時代に合わせて刻々と変化している。たとえば今回の手術は脊椎麻酔ということで、上半身の意識ははっきりしている。ご希望であれば本人持参のＣＤを手術中に流せますということだった。

昔はそんな親切なオプションはなかった。高校生の時であったか、やはり入院手術ということで順番が来て手術室に入ったら、直前の患者の手術が終わったばかりだった。一面血の海になっているコンクリート張りの床をナースがデッキブラシで洗い流していたのを憶えている。今時そんなことをしていたら患者は誰一人やってこなくなるだろう。

では、である。何のＣＤを持っていくか。他の人の選曲を聞いたところでは、演歌あり、Ｊポップありでさまざまらしい。

陽気なのがいい。桂枝雀師匠の「宿替え」という落語が好きなので、それにしようか。「さっきから妙なお人が出たり入ったりしてはりますけどなぁ」。「すびばせんねぇ、その妙な人って、わたしぃなんですけどぉ」。いや、医者が手術に集中できないので具合が悪いかもしれない。

元気なのがいい。気分を高揚させるために「軍歌大全集」を鳴らしていこうか。「讃えて送る一億の、歓呼は高く天をつく、いざ行けつわもの、日本男児」。まずい、この人は剃髪しているが坊さんではなく、右翼の活動家だと誤解される恐れがある。

ここはやはり、モーツァルトのような当たり障りの無い、人畜無害の楽曲が無難であろう。スタッフの気分も落ち着こうというものだ。ところで、よく「1／fゆらぎ」などと言われて、クラシック音楽の中には人間が心地よさを感じる特別な音の波動を含んでいる作品があると言われる。

心地よさの正体は「α波」という脳波だそうで、それを放出させるために儀式に音楽を利用するのが宗教だと言われる。宗教と音楽とは、切っても切れない関係にあるのだが、ではいったい禅と音楽の関わりはどうなのか。

二

日本で最初の行進曲は豊臣秀吉が創案した、という説がある。主君の織田信長が本能寺で明智光秀の謀反によって殺害されたとき、毛利攻めの最中であった秀吉はすぐさま和議を成立させた。そして、山陽道を駆けに駆けて引き返し、山崎の合戦で仇を討ったという史実は知られている。言うところの「中国大返し」だ。

ではその長い距離を大勢の兵士たちにいかにして短時間で移動させたか？　むろん様々な工夫をした。そのなかに沿道にずらりと法華宗の僧たちを並ばせて、団扇太鼓で題目を唱えさせたということが伝えられている。

ドンツク、ドンツク、ドンドンツクツクというリズムに乗って「ナーミョーホーレンゲーキョー」と路傍で繰り返し絶叫する僧たちは、まさに軍楽隊だったのだ。「鼓舞する」とは実にこれを言う。

弔い合戦に坊主が囃せば、いやがおうでも士気は盛り上がる、ましてこの戦に勝てば自分たちが歴史の表舞台に躍り出るのだ。まさに「人たらし名人」の秀吉ならではの着想ではないか。

打楽器の単純なリズムを聞いていると、人間の気分は高揚する。太鼓のリズムに心拍も盛り上がる。これは私たちの胎児体験が刺激されるからである。

聖母マリアはどちらの胸に幼子イエスを抱いているか。夜泣きする赤子も母親の心臓の鼓動を肌で感じると落ち着く。胎生六ヶ月以降の胎児は母親の心音を聞いている。これがリズムの原点になる。胎児期の原音楽体験の記憶は、成人になっても深層心理の最古層に深く眠っているのだろう。

禅寺で法要に出頭する時に打ち鳴らされる、あるいは祈祷の際に用いられる法鼓は、まさにそのような効果を狙って取り入れられたものだろう。読経の伴奏となる木魚も有効なリズム楽器となるにちがいない。

思えば禅寺にはなんと多くの「鳴らし物（鳴り物）」の音が溢れていることだろうか。大鐘、殿鐘、喚鐘、引磬、柝木、木版、雲版、大磬、小磬、振鈴などなど。そしてそれらの多くは、大小、大小とリズムを刻んでいる。

リズムは律動だ。リズムは繰り返しだ。人間という生命体はリズムを打っている。心音、呼吸、生まれては死に、死んでは生まれる。その美文の巧みさで評判を呼んだ『生物と無生物のあいだ』で、分子生物学者福岡伸一氏（一九五九〜）は生命をこのように定義づけている。「生命とは自己複製するシステムである」。

また宇宙という生命体もリズムを刻んでいる。日は沈み日は上る、夏が来て春が去り、秋が来て冬を迎える。その大きな宇宙のリズムに小さな人間のリズムが同調するとき、人は無限の生命との一体感に遊弋《ゆうよく》するのだろう。

ところで、グレゴリオ聖歌などのキリスト教音楽にはそのような生命のリズムを感じさせる打楽器は含まれない。おそらく、有限の被造物に過ぎない人間の心臓の鼓動や四季の移り変わりを想起させるようなリズムは不要、むしろ邪魔なのだろう。

なぜならば、リズムはいずれ止まる。神という永遠の生命を称える聖歌は、途中で止まってしまうごときリズムと一線を画しているからに相違ない。

あるいは、繰り返しというような、輪廻にも発展する円環的時間観は、終末思想をもつキリスト教の直線的時間観にそぐわないと考えられるかもしれない。

本願寺仏教音楽儀礼研究所所長の小野功龍先生（一九三六～二〇一四）は言われる。バッハやモーツァルトの作品は、彼らが作ったというより神の声そのもののように感じる。そこに教会音楽と仏教音楽の大きな違いがある。仏教寺院で歌われる仏教讃歌は仏の声ではなく、あくまでも人間が仏をたたえる歌なのであると。さて読者諸賢のお考えや如何に。

三

「でんでん太鼓に笙の笛」という子守唄の一節は、幼い子供の欲しがるもの、与えるとよいものを言い得て妙と感心させられる。胎児が母親の胎内で聞いていた心臓の鼓動が打楽器的音体験の原点であることはすでに述べたが、その次に出会うのが、出生時の産声、肺呼吸体験であり、打楽器に対しての気鳴楽器的音体験になる。

気鳴楽器、すなわち「笛《ふえ》」の語源は「振るえ、あるいは、震え」である。じつは宗教音楽の多くは気鳴楽器が主役を務めている。教会のパイプオルガン、修験道の法螺貝、葬列の管楽器、さらには人間の声帯を震わせるコラーンの朗詠、黒人霊歌、グレゴリオ聖歌なども一種の気鳴楽器である。そして、それらに伍して異彩を放つ、尺八を採り上げてみよう。

武満徹《たけみつとおる》（一九三〇～一九九六）が加藤周一（一九一九～二〇〇八）との対談で、このように述べている。

よくベートーヴェンの音楽は音による建築だというようなことを言いますね。それはまさしくそうなんで、音によって構築された建造物である。この場合の建築というのはヨーロッパの石でできた建築ですね。ブロックを一つ一つ積み上げて構築する。そしてその一個の煉瓦は、ちょうどドレミファのドと同じで、それ自体は単純なものです。それは特殊な性格を持っていないので、それを組み合わせていくことで一つの建物をつくっていくことができるわけです。

ところが日本の音楽は、やはりまた日本の建築と非常に似ていて、それは一つの音にたいへん意味がある。その一つの音は洗練されていて複雑で、ぼくはいま作曲家としては、あんまり一つの音が複雑であるということが非常にぐあいが悪いことなんです。音楽を自分が創る場合、何か冒険しようという立場に立てば、尺八の音なんていうのは大変ぐあいが悪いわけです。

もちろんヴァイオリンで、その一つの音はやはり伝統を負っていると思います。全くそれが機能の中の音として無性格であるということはないでしょう。ヴァイオリンの音はヴァイオリンの伝統というものをもっていると思いますけれども、ただ、それは尺八では、ひとつ「ふーっ」と吹くと、もうそれである一つの世界ができちゃうわけですね。（中略）

ぼくの知っている尺八の先生などは、早朝四時起床して、無作為にただ一つそのときふと吹いた音を、一時間ぐらいずっと吹きっぱなしに吹いて練習をしているようなことがあるわけです。ところがヨーロッパの音楽の場合は、ピアノなんかでもただ一つの音だけを叩いても練習にはならないわけですね。まず最初の練習というのは「ド・レ・ミ・ファ・ソ・ラ・シ・ド」というスケールを弾くことから始まりますでしょう。ヴァイオリンにしても。（『武満徹対談集』芸術現代社）

たしかに尺八という楽器は興味深い。私自身はまったく吹けないのだが、普化宗明暗寺の寺報である『虚霊山だより』にコラムを連載させていただいて、もう二十年以上になる。そろそろ辞めさせて欲しいとお願いするのだが、そのたびにお金を握らされるので、辞められないでいる。その虚無僧の方々向けのコラムの下調べも必要で、尺八について考える機会が無いわけではない。

およそ「音楽」とは、とくに西洋のそれは演奏者が楽器を手段として自己表現し、鑑賞者はそこに感動を求めるものだろう。ところが尺八、とくに明暗尺八の場合はむしろ自己を滅却しようとしているようでもある。では何も表現していないのかというと決してそうではなくて、それは肺活量の現成であり、湯気立つ呼気そのもの、言わば身心一如の端的をそこに響かせているようでもある。

また武満徹が語るように、一息吹けばそこに山河大地を凝縮したような音が存在感を示すのが、伝統邦楽の尺八の音と言ってよいだろう。自己を表現するというより、自己を凝視しているような音。

しかし、明暗尺八の音は、むしろ音の骨であり、髪のあまやかさも、肉のぬぷぬぷしさも無い。光が強すぎるとかえって私たちの目の前が真っ暗になるように、あまりに音としてのアクが強すぎて、人々の耳には受け入れ難いのだろう。それはつまり、鼓膜を振動させる響きではなく、器官としての鼓膜のアイデンティティーを確かめるような響きなのだ。

おそらくはそのあたりに、「吹禅一如」を標榜する普化宗が、臨済宗や曹洞宗と比べれば若干の傍流に甘んじている理由があるのかもしれない。

さて、手術台の上で聞くモーツァルトだが、候補となる素晴らしい作品がたくさんある。C

Ｄ一枚だけとなると、いったいどれを選べばよいのか考え込んでしまう。さんざん迷った末に、ピアノ協奏曲の二十一番（K.467）と二十二番（K.482）に決めた。どちらも明朗かつ伸びやかな旋律で、暗い気分も紛れるだろう。

ところが、である。手術当日、うっかり者の私はケースだけ持って来て、肝心のディスクをお寺のＣＤコンポの中に忘れて来てしまった。けっきょく手術室では心電図のモニターのピッ・ピッ・ピッという信号音だけが、むなしく響いていたのだった。

書きつけ仏法、火の用心

一

「講本の書き入れ」というのがある。祖録に白隠禅師以来の代々の老師方が書き込んできたメモやコメントを、師匠のテキストから自分のものに忠実に書き写すという作業、あるいは書き込まれたものをいう。

なにぶんにも木版刷りの和本の行間に朱墨などの細かい筆文字でびっしりと書き込まれているので、何が書かれているのかを判読するのが困難な箇所も少なくない。

たしか『臨済録』の書き入れをしていたときではなかったかと思うのだが、「大穴禅師」という禅僧によるコメントが書かれてあった。聞いたことのない名前である。競馬か何かのギャンブルがお好きだったのだろうか。

気がかりになってはいたが、後で調べようと思ってそのままにしておいた。たまたま最近になって天龍寺の関精拙老師手沢の『臨済録』講本を手にする機会があった。そういえばあの「大穴禅師」はいったいどうなっているのだろう。該当する箇所を見てみたら、そこには「太元禅師」と書かれてあった。

そこでやっと積年の疑問が氷解した。太元《たいげん》孜元《しげん》禅師（一七六九〜一八三七）だったのだ。太元禅師といえば隠山《いんざん》惟琰《いえん》禅師（一七六九〜一八三七）の法を嗣いで曹源寺に住し、備前派の祖となった傑僧だ。

つまりこういうことだったのだろう。筆者の本師である平田精耕老師は、師匠である関牧翁老師の『臨済録』から書入れを写した。言うまでもなく牧翁老師は精拙老師のものを筆写した。おそらくその間に「太」の「、」が「元」の上に移動して、「穴」になってしまった。「太元」が「大穴」に変化してしまったにちがいない。

どなたかがついうっかり見まちがえたか、あるいは書きまちがえたのだろう。達筆な続き文字もときに災厄を産む。人間の書く文字にはそれぞれの個性が表われて当然だから、勘違いするのも無理はない。だから古人も言ったのだろう。「字は三写を経て烏焉馬と成る」。人から人

へと三回も書き写されていくと、いつのまにかカラスが馬になってしまう。

コピーや印刷技術の発展している現代に生きる読者諸賢の感覚からすると、いちいち毛筆で書き写すなどとはなんとも原始的に思われるだろう。あるいはそんないい加減なことで大丈夫なのかと思われるかもしれない。しかし、そうするしか他に手段のなかった時代が存在したのも事実なのだ。

たとえば経典を想起すればいい。一切経が印刷されるようになったのは宋代以後であり、それまでは写経で伝えられた。

あるいは中国の禅者たちは、諸方の禅匠たちの言葉を紙に書いて所持し行脚を重ねた。いわゆる「下語《あぎょ》」や「著語《じゃくご》」がどのようにして諸方に伝わったかを大拙博士が考察されておられる。(『全集』第四巻参照)

ではどうだろう。おそらくは筆者の経験したような事も意外に頻発していたのではないだろうか。そこまで低次元でなくとも、例えばこんなケースだ。高名な禅僧の上堂の筆記録を読んだが、よく理解できない。それを別の筆記録と照らし合わせてみたら、文字がひとつ抜けていた。ただそれだけのために文章の意味がまったく不明瞭になってしまっていたのだとか。

そんな時、思わず立ち上がって叫んだのではないだろうか。紙に書かれたものなど信用できない。直接教えを請わなければ駄目だ。やはり宗旨の商量は人と人が面と向かって言葉を交わすことが肝要だと。

まさに「不立文字、教外別伝」である。悟りに至るためには、あるいは悟りを表現するためには文字は十分ではないという高邁な趣旨もあっただろうが、案外筆者の体験したような瑣末な事柄が契機になって、文字言語への不信、記録媒体への懐疑が教条化するようになったのではないか。

二

閑話休題。養老孟司先生（一九三七〜）の『カミとヒトとの解剖学』のなかに面白いことが書かれてある。「経典の解剖学」という一節で、お経は音声なのか、それとも文字なのかという問題提起をしておられるのだ。

お経とは奇妙なものであると言われる。そもそも文字のない時代にはお経は音声であったと言われる。たしかにそのとおりで、お経は本来「如是我聞」と始まるのであり、「如是我記」などと始まるお経は存在しないだろう。

先生によれば、それがいつの時代にか文字化されるが、それなら文字で通用するかといえば必ずしもそうではない。専門家ならともかく、一般人にとってお経とは、むしろお坊さんの唱える音声として受けとられているのが普通である。つまり音声から文字へ、さらに文字から音声へという逆転現象が起きているという事実が明らかにされる。

さらに音楽と音声言語について語られる。両者は内容からみればまったく異なる。しかし、生物学的にみればこれほど似たもの同士はない。自分で音を出して、それを自分で聞き、さらに第三者が聞くのである。だからこの両者の区別が曖昧になるのは、歌であり、詩であり、お経なのだと主張されている。

そして、いよいよご専門の脳の話が登場する。言語はブローカの運動性言語中枢から表出される。ここに障害のある患者は、言いたいことがあり、他人の言語をある程度理解できても、発語ができない。ところが、歌詞つきの歌なら、しばしば歌えるのである。この場合、歌の歌詞は言語であるのか、そうでないのか。

少し補足させていただこう。言語を話すという作業は脳の働きによるが、その左脳の部分に、言語に係わる二つの領域がある。それがブローカ領野とウェルニッケ領野である。ブローカ領野に損傷があると、話された言葉は正確に理解できるが、話すことに困難を生じる。一方でウェルニッケ野が損傷した場合、言葉はなめらかに話せるが、その内容は支離滅裂なものになってしまう。

さしずめ筆者などは、ウェルニッケ野付近で脳内出血か何かを起こしているに相違ない。最近は自分でも講義で何を言っているのか、時々理解に苦しむことがある。

余談ついでに思い出したのが、僧堂の同参に吃音の人がいたことだ。幼いときに本堂に落ちた雷のショックで日常会話の発語に支障を来たすようになった。だが、お経とカラオケは抜群に上手だった。今や彼も住職として立派にお寺を切り盛りしている。

本題に戻ろう。要するに言語と歌とは、本質的にどこが違うのだろうか。さらには読経は音声言語なのか、そうではなく視覚言語なのか。これはサンスクリットとプラクリットの分裂といった文語と口語の対峙などとは似て非なるものだろう。

ちなみに柳田国男（一八七五〜一九六二）の時代から、民俗学における文献史料の扱いについてはさまざまに論議がなされてきたそうだ。口頭伝達を重視する民俗学、文献を重視する歴史学というような固定観念は崩れつつあるものの、明確な方法論はいまだに確立されていないという。最近の宗教学で聖典の口頭伝承性という問題が注目されているというのも、同様の問題意識からだろうか。

ところで、養老先生はこのように結論付けている。お経をどこまで「目で見るもの」として捉えてよいのか。経典の解釈なり、文献学なりは、それなりの意味があるが、それではひょっとするとお経の重要な意味が脱落してしまう可能性があるだろう。われわれは音声言語と視覚言語を、同じ言語としてくる癖が強い。しかしそれは必ずしも本当ではない。視覚言語は言語をより明晰にするが、とくに宗教のように、明晰さを必ずしも目的としていない領域では、肝心の部分を欠落させてしまう可能性も強いと。

三

さてここからが本題だ。ではいったい室内の公案はどうなのだろうか。じつはそれを問うてみたいのである。われわれ白隠禅の徒にとって、公案は音声言語なのか、それとも視覚言語なのか。師家から『碧巌録』等の古則を参究するように命じられたわれわれは最初にその公案の文章を読み、その意味の理解に努め、さらには暗誦しなければならなかったはずだ。

大学の講義のように、テキストを机上において師とディスカッションするなどということはあり得ない。入室参禅では、学人は本参の話頭をまずは諳んじなければ始まらない。記録より記憶だ。師家も当然ながら、すべてを頭に収めている。

これは仄聞したことだが、「臨済白状の一句」、つまり『臨済録』の中でポイントになる言葉を示せという公案を与えられた雲水の話である。なかなかの難透で、どの文章、どの言葉を持っていっても透らない。しまいに頭に来て、自分でそれらしく捏造して持って行ったら、「臨済はそんなことを言っていない」と断言されたそうだ。

また、短い公案ならまだいいが、「百丈野狐《ひゃくじょうやこ》」（『無門関』）や「懶安有句《らんあんうく》」（『葛藤集』）などの長いものを暗記するのに苦労した思い出をお持ちの和尚さんも多いのではなかろうか。

入室して師家の前で公案の文章を忘れて言えなくなると、「そんなことで公案と一つになれるか？　ちゃんと憶えて来い！」と怒鳴られたものだ。

禅堂の修行では、学人はそのようにして記憶した公案を自分の胸中で、坐禅の時も作務の時も、行住坐臥《ぎょうじゅうざが》、ひたすら反芻する。すると次第にその公案と自分とが一枚になり、やがては公案の求める世界が現前してくるのだった。

もちろん公案と一口にいっても多種多様な公案がある。それらを組み合わせての公案大系である。しかし参究のプロセス自体は「趙州狗子《じょうしゅうくす》」や「隻手音声《せきしゅのおんじょう》」のような初関の公案から、難透の公案まで変わるものではない。

「ムー」とか「セキシュー」という語義を絶した音声に没入するというだけではない。シニフィエ（言語記号の意味内容）を意識することなくシニフィアン（言語記号の音声面）の連鎖を口にし続けるというだけではないが、「首山綱宗偈《しゅざんこうじゅうげ》」や「汾陽十智同真《ふんようのじっちどうしん》」などの公案も、音声言語として公案自体が自らの胸を打つ鼓動とシンクロしなければ、ありていに言えばサーカディアン・リズムと共鳴しなければ、真の落着はあり得ないのではないか。

山田無文老師は、そのような公案の解決方法をラジオのチューニングに例えておられる。それぞれの公案にはその公案が発信している周波数のようなものがある。その周波数にこちらが同調することができれば、お望みの放送が受信できるようなものだ。こちらとあちらの波長がぴたりと合えば放送が聞こえて来るように、公案の見解がおのずと湧いて来るものだと。だから「如来」という。実に「来るが如し」なのである。

たしかに提唱の講本とか、「書き分け」、「書き取り」、「拈弄《ねんろう》」(公案を解説、さらに公案を自己の見地から捌く修練をいう)のように伝統禅の世界でも公案を視覚言語としても扱う。だが、やはり公案の本領は音声言語としての部分にあるのではないだろうか。

そう考えれば現在、禅語録、特に『碧巌録』のような公案集を取り扱うわれわれのもっぱらの興味は、視覚言語としてのテキスト理解の側面を偏重しているような気がしてならない。ふたたび養老先生の言葉を借りれば、「肝心の部分を落として」はないだろうかと懸念されてならないのである。

四

筆者は寺院の世襲制を否定するものではない。十八歳で出家した筆者にはどんなに努力しても習得できない属性を備えていたのが、寺に生まれ仏飯を頂いて育ったかつての花園禅塾の何人かの同級生たちであった。

お経の憶え方からして違う。どのようにしてお経を憶えたか。聞けば、子供の時にお婆ちゃんに抱かれてお風呂に入る。一日目はお婆ちゃんが湯船で「マカハンニャ、ほら言ってごらん」と教える。次の日、お風呂で頭を洗いながら「次はハラミッタ、よく憶えるのよ」と言う。そのようにして意味も判らないながら短い言葉を少しずつ教えてもらって、般若心経を記憶したのだという。

熏習《くんじゅう》というのだろうか、このような訓育は誰でもが受けたくても受けられるというものではない。もちろん、すべての寺院の子弟が羨望を感じさせるほどの雛僧教育を受けているというのではない。とくに宗門大学の教壇に立っていると、時代の趨勢を痛感させられる。もはや寺院子弟といっても一般家庭の出身者と何ら変わりはない。

あるいは、著語《じゃくご》を置くという場合もそうだろう。公案修行の一環で、一則の公案が透過したら、その見解、境地にふさわしい一句を示せというものだ。師家からそれを命じられると、雲水は禅語のアンソロジーである『禅林句集』を繰って、何千句の中から意に叶う一句を見つけようとする。

しかし、本来そうではないのである。筆者の修行時代にはまだ「句双紙三年小僧泣かせ」という古諺を字面通りに実践してきた人がいた。

小学校から帰ってきたら師匠と二人で本堂の前の広い境内の草引きをする。草を抜きながら師匠が「百花春到って誰が為に開く」と言う。すると言われたとおりに「百花春到って誰が為に開く」と返す。ときには憶えきれずに師匠に頭をひっぱたかれる。そのようにして泣きながら『禅林句集』を丸暗記させられたという。意味は問題ではない。憶えることが大切なのだ。

そして、その人が言うには、室内で公案が透過すれば自然に二つ三つの句が口をついて出てくるそうなのだ。これが本来の著語を置くということだろう。豊穣な禅語の海に見性体験という凝固剤を一滴落とせば、悟りが塩の粒子の如く結晶化する。禅語の素養と漢文読解能力の低下したわれわれは、『禅林句集』の和訳や解説を読んで、かろうじて曖昧な理解の語義と自身の疑似禅体験を比較類推して語を置いていた。しかし、それでは本来の趣旨からは逸脱していると言わざるを得ないのではないか。

コンテンツも重要なのだろうが、リズムが大切である。体で覚えるというのはそれを言うのだろう。

筆者の漢詩の師匠は、詩ができたら必ず声に出して読んでみなさいと教えてくれたものだ。たとえ日本語で読み下しても、いい作品はテンポよく響くものだと。『禅林句集』は元来、五言、七言、それらの対句などリズムを整えて編集されており、漢詩文からの引用が多くを占める。

越後長岡藩の家老の娘として生まれ、明治という波乱の時代を生き抜いた杉本鉞子《すぎもとえつこ》（一八七三～一九五〇）という女性がいる。コロンビア大学で日本文化史を教えた彼女は、自叙伝の『武士の娘』でこう語っている。

当時、女の子が漢籍を学ぶということは、ごく稀れなことでありましたので、私が勉強したものは男の子むきのものばかりでした。最初に学んだものは四書――即ち大学、中庸、論語、孟子でした。

当時僅か六歳の私がこの難しい書物を理解できなかったことはいうまでもないことでございます。私の頭の中には、唯たくさんの言葉が一杯になっているばかりでした。もちろんこの言葉の蔭には立派な思想が秘められていたのでしょうが、当時の私には何の意味もありませんでした。時に、なまなか判ったような気がして、お師匠さまに意味をお尋ねしますと、先生はきまって、「よく考えていれば、自然に言葉がほぐれて意味が判ってまいります」とか「百読自ら其の意を解す」とかお答えになりました。ある時「まだまだ幼いのですから、この書の深い意味を理解しようとなさるのは分を越えます」とおっしゃいました。

正しくその通りだったわけですが、私は何故か勉強が好きでありました。何のわけも判らない言語の中に、音楽にみるような韻律があり、易々と頁を進めてゆき、ついには、四書の大切な句をあれこれと暗誦したものでした。でも、こんなにして過したときは、決して無駄ではありませんでした。この年になるまでは、あの偉大な哲学者の思想は、あけぼのの空が白むにも似て、次第にその意味がのみこめるようになりました。時折り、よく憶えている句がふと心に浮び雲間をもれた日光の閃きにも似て、その意味がうなずけることもございました。


まさにかつての禅院に脈々と生きていた伝統的な訓育の真価を傍証するような言葉ではないだろうか。

さて、ここまで読み終えられた読者は、例によって難解な専門用語を採り上げて、いたずらに贅言を弄するだけの凡俗なエッセイであると読後感を抱かれているにちがいない。

確かにそうなのだ。筆者が上来、縷々と書き散らしてきたことを古人は一言で説破している。すなわち、「書きつけ仏法、火の用心」。

虎にゃあにゃあ

一

一昨年、福岡に出向した折のことである。たまたま福岡市博物館で「幽霊・妖怪画大全集」という企画展が開催されていた。面白そうだったので時間をやりくりして駆け足で覗いてきたのだが、昨年は大阪歴史博物館などでも同じ企画展が巡回して行なわれていたから、ご覧になられた方もいるかもしれない。

展示品はもっぱら吉川観法《よしかわかんぽう》（一八九四〜一九七九）という日本画家の収集したコレクションが中心になっている。実は、その中に『怪奇談絵詞《かいきだんえことば》』という妖怪絵巻があって、そこに紹介されている妖怪たちが個性豊かに活写されていて、賛を含めて大変興味深かった。

この絵巻は作者が不明で、おそらく江戸末期から明治初期にかけて製作されたのではないかと考えられている。特に九州一帯に伝わる怪奇譚を多く収録しているローカル色が特徴といってよいらしい。

　全部で三十二種類の妖怪が登場するが、「ろくろ首」や「河童《かっぱ》」、「うぶめ」といったおなじみの顔ぶれに交じって、「虎にゃあにゃあ」という妖怪が出てくる。しかもよほどお気に入りだったのか、この妖怪だけが二度も登場するのである。

　どのような姿をしているのかというと、体は虎か猫のようで縞模様があり、尻尾の先は二股に分かれている。どうやら顔は坊さんのそれらしい。そして、舌をペロリと出して、物欲しげな目つきで手をこちらに差し出しているのだ。

　つまりこれは、強欲な坊さんを風刺した妖怪なのである。作品では画の上に賛らしき文章があって、「禅宗の経文に、とらにゃあにゃあと云は是なり。欲深坊主の顔に似たり。丁銭を好んで、銭筒の竹に住む。しかも、だいのねこなでなり」と読める。

　禅宗のお経で、とらにゃあにゃあと唱えられているものである。その顔は欲の深い坊主にそっくりだ。「お金が大好きで銭筒の竹の中に住んでいる。しかも猫なで声がたまらない」というような意味だろうか。

　これはおそらく「大悲呪」の冒頭に出てくる、「哆囉夜耶《とらやや》」という一節をパロディにして「トラヤーヤー」から「虎にゃあにゃあ」という名前を思いついたのであろう。

確かにこの「大悲呪」は禅宗寺院ではよく誦《よ》まれる経典だ。だから、一般の人たちにも葬儀や法要などの機会で耳になじみがあったのかもしれない。しかも聞いていても意味が全く理解できないから、なおさら虎と猫の鳴き声がくっついているようで面白おかしく聞こえたのだろう。

二

野口善敬先生の『ナムカラタンノーの世界』（禅文化研究所、一九九九）及び、木村俊彦・竹中智泰両先生の『禅宗の陀羅尼』（大東出版社、一九九九）によると、「大悲呪」は略称で、臨済宗では「大悲円満無礙神呪《だいひえんまんぶかいじんしゅ》」、曹洞宗では「大悲心陀羅尼《だいひしんだらに》」、そして黄檗宗では「千手千眼無礙大悲陀羅尼《せんじゅせんげんむげだいひだらに》」と呼ばれるそうである。

そして、この「大悲呪」は正しくは陀羅尼（本来は経典を記憶する力、そこから転じて呪文の意味になった）なので、それが載せられている経典が『千手千眼観世音菩薩広大円満無礙大悲心陀羅尼経《せんじゅせんげんかんぜおんぼさつこうだいえんまんむげだいひしんだらにきょう》』となるのだそうだ。この経典は観音菩薩の慈悲の心を説いているというが、どうやらサンスクリット原文は発見されていないようである。

ところで、「大悲呪」と観音菩薩といえば、実吉達郎編『中国妖怪人物事典』（講談社、一九九六）

に愉快な話が載っている。

病気の僧がネコに寄生された話。平江の恵恭《けいきょう》という坊さん、食事をしてもすぐ嘔吐《おうと》してしまう〝翻胃《ほんい》〟とかいう病気になった。しかもその病中一夜の夢に、ネコが項《うなじ》のあたり、背がわから侵入して、腹の中に宿った。それからというものは、市場を通るたびに、そこで売っている魚が食べたくてたまらない。他人《ひと》がきけば、ネコが腹の中にいるから魚が食いたいのだと、そりゃあ傑作だなどといって笑いのめすであろうが、当人はそれどころではない。わけても魚肉を食うのは出家の禁戒。悩んだあげく観世音菩薩《かんぜおんぼさつ》を唱《しょう》名《みょう》することを誓い、毎日毎日大悲呪を誦《しょう》していた。

このような祈祷《きとう》は仏教のものと思われるのだが、僧恵恭にあらわれた救いは道教的である。夢のうちに一座の山に登ると道人に会う。道人に侍していた一人の青衣少年がカゴに入ったニワトリを持ってくる。と、腹の中にいたネコ

が恵恭の口からすべりぬけて出て、カゴの中のニワトリにおそいかかった。と見て目がさめた。それ以来、恵恭の病いはうす紙をはぐようによくなった。宋の洪邁《こうまい》の四百数十篇に及ぶ厖大《ぼうだい》な異聞集《いぶんしゅう》『夷堅志《いけんし》』にある話。

このような怪異譚の類いが広く中国の民衆の間に伝えられていたということからも、土着した観音信仰と「大悲呪」の取り合わせが一般の人々にもなじみのあったことがよくわかる。ちなみに、『夷堅志』とその編者である洪邁については、大塚秀高「洪邁と『夷堅志』―歴史と現実の狭間にて―」(『中哲文学会報』第五号、一九八〇)が詳しい。

三

ではこの「大悲呪」の最初の一節、「南無喝囉怛那哆囉夜耶《なむからたんのとらやや》」という部分は一体どういう意味なのだろう。

実は「南無喝」は「ナマハ」の音写であって、「帰依(する)」という意味らしい。次の「囉怛那哆囉夜耶」は「ラトナトラヤーヤ」の音写である。「ラトナ」は「宝」、「トラヤ」は「三つ」の意。

だから「ラトナトラヤ」で「(仏法僧の)三宝」を意味するそうである。

筆者はサンスクリット語についてはまったくの門外漢なので、あくまで推測であるが、同じ印欧語族なのでおそらくは「トラヤ」というのは、英語の「トライアングル(三角形)」や「トライポッド(三脚)」の「トラ」と語源が同じなのではないだろうか。

要するに「虎にゃあにゃあ」という妖怪の名前のオリジナルであったと思われる「トラヤーヤー」は、虎とも、ましてや猫の鳴き声ともまったく関係がないということである。

これに似た話はよく聞くことがある。経典の一節が誤って伝聞誤用されるケースである。もっとも知られているのは「大麦小麦二升五合」の話であろう。

昔あるところに占いがよく当たるという評判のお婆さんがいた。そのお婆さんは、何か頼みごとをされると、必ず「大麦小麦二升五合」と呪文を唱えてから占う。すると不思議なことに失くしたものの場所がたちどころにわかるというようなことで、たいそうな評判になった。

たまたま旅の坊さんがその話を聞いて、お婆さんのところへ行って様子を見ていると、例によって「大麦小麦二升五合」とやっている。そこでお節介な坊さんは、それは正しくは『金剛般若経』という経典の「応《おう》無《む》所住《しょじゅう》而《に》生《しょう》其《ご》心《しん》」という言葉だから、そう言いなさいと忠告してあげた。するとそれ以降、おまじないを正しく言い換えたお婆さんの物見占いはさっぱり当たらなくなった、という話である。

寡聞にしてこの話の正確な出典は知らないが、私たちの先達はこの手の語呂合わせが好きなようである。三遊亭円窓師匠の十八番「牛褒め」という落とし話にも、牛を褒める言葉「天《てん》角《かく》地《ち》眼《がん》一《いち》黒《こく》鹿《ろく》頭《とう》耳《じ》小《しょう》歯《は》違《ちごう》」の後半を「一石六斗二升八合」と洒落る場面がある。先人たちは、言葉の意味よりもリズムを楽しんでいたのだろう。

それはさておき、なぜ先ほどのお婆さんは正確な文言を言い始めた途端、占いが当たらなくなったのだろうか。一つには、心に疑念なく唱えると効能があるものも、心にひっかかりがあるとたちまち効能が無くなるというのかもしれない。

一心不乱に「大麦小麦二升五合」と唱えていれば精神集中できたのに、「応無所住而生其心」などという難しい言葉を、言い間違えないようにしなければと余計に気を遣っているから精神統一できないということかもしれない。あるいは、祈りというのはその人の心の中にこそあるもので、字面にあるものではないということかもしれない。

こういう話もある。一人のお百姓さんが、その夏に初めてできたスイカを菩提寺の仏さまにお供えしようと、スイカを抱えてお寺に向かっていた。途中で、貧しい親子の巡礼に出会った。お腹を空かせた巡礼の子供が、「お百姓さん、そのスイカをどうするの?」と尋ねる。「これはな、初生りのスイカだから、仏さまにお供えするのさ」とお百姓さんが答える。するとその子供は「あぁ、いいなあ。ぼくも仏さまになりたいなあ」と言うのだ。可哀そうに思ったお百姓さんは、抱えていたスイカをその子供にあげてしまった。

さて、お百姓さんはお寺にやっては来たものの、お供えはどうしようかと山門のあたりで困って考え込んでいた。そこにお寺の和尚さんが現われて、「おいおい、なにをしているのだ？ 初生りのスイカなら、もう仏さまは召し上がったぞ」と言ったそうだ。

仏さまは、初生りのスイカではなくて、スイカをお供えしたいという、その心をお喜びになるのだろう。

仏さまは、唱える言葉ではなくて、おすがりしたいという、その心にお応えになるのだろう。

四

ポール・リクールは「宗教言語は意味の媒体である、と言うだけでは十分ではない」と『解釈の革新』(白水社、一九七八)で断言している。

およそ言葉は内在的なものを顕在化する機能を持っているが、言葉の発信者から話された(放された)言葉は、やがてそれ自身で意味を形成し始める。

詩人の石原吉郎は言う。「言葉がむなしいとはどういうことか。言葉がむなしいのではない。

言葉の主体がすでにむなしいのである。言葉の主体がむなしい時、言葉の方が耐えきれずに主体を離脱する」。

だから哲学言語は言葉を信頼して構築していく建築と言えるだろうが、宗教言語は詩と同じく言葉を大胆に削除していく彫像に他ならない。特に禅者は言葉を削ぎ落とす。『易経』には「書は言を尽くさず、言は意を尽くさず」とあるが、時に言は意を尽くさないどころか、勝手に意を捏造さえしてのけると冷静に看破しているのだろう。

では禅者はそのような危険な言葉を一切拒絶するのかといえば、決してそうではない。そうではなくて、言葉が意味を捏造するのをむしろ眺めながら楽しんでいる。

禅者がそのように言葉に対峙して、一方で醒めていながら語言の遊戯三昧にひたっている例を『沙石集』（小島孝之編『新編日本古典文学全集』小学館、二〇〇一）に見てみよう。

『沙石集』は中世を代表する仏教説話集であり、編者は無住道暁（一二二六〜一三一二）である。無住は諸宗遍歴を重ね、さらには東福寺円爾に参じている。

博学で好奇心が強く、脚気に悩まされつつも酒を好み、また晩年は愚痴をこぼしてばかりという身近で敬愛すべき人物だが、『沙石集』の中に登場させているさまざまな説教師たちにも、批判をしているようで実は温かい視線を注いでいるのではないだろうか。

ここに私たちは、人間の裏も表も、言葉の表も裏も知り尽くした、透徹した老僧の温顔を思い浮かべることができると思う。

無住はおそらく心の中で、「しょうがないなあ、こういうふうにでも書いておいてやろうか」と脣辺に微苦笑すら漂わせながら筆を走らせていたに違いない。

だから私たちも妖怪「虎にゃあにゃあ」を毛嫌いしてはいけない。現に私などこの妖怪に出会って以来、「大悲呪」を誦《よ》むときには必ず「トラニャーニャー！」と声高らかにその名を呼んでいるのである。

では最後に、『沙石集』のある説教師の話というくだりを見ていただこう。


また、北国の海辺にも、海人寄り合ひて、堂を立て、供養するに、大方、導師心に叶はず。ある僧、心を知りて、供養しけるは、「この檀那、必ず往生し給ふべし。その故は、念仏は決定往生の業なり。しかも、不断申すに於いては、少しも往生に疑ひあるべからず。然るに、諸施主は、自ら不断の念仏を申し給ふなり。朝な夕な、面々に網持ちて、『あみ、あみ』と宣へば、波は『たぶ、たぶ、』となる時に、いつも、『あみたぶ、あみたぶ』と申し給ふこそ、ありがたけれ」と云へば、悦びて、一期の財産を投げて、布施しけり。此は機に叶ひてあれども、法の道理に叶はず。利益の心なくて、布施を望みてせば、邪見の説法なり。若し、菩薩同事の行に心を存じて、漸く誘へて、滅罪生善の道に入れしむる方便ならば、あま逆さまの事も、失有るべからず。

　また、北国の海辺でも、漁師たちが集まって御堂を建てて供養をするとき、導師に呼んだ僧侶の説法がまったく気に入らなかった。そこである僧侶が、漁師の心中を推し量って供養したことには、「この御堂の施主は必ず極楽往生なさるだろう。なぜならば、念仏は往生することが間違いのない行である。しかも、常に唱えていれば、往生に少しの疑いもない。それにつけても施主の皆様方は、絶えることなく念仏を申しておられる。朝に夕べに、皆さんは網を手にして『あみ、あみ』とおっしゃると、波は『たぶ、たぶ』と音を立てる。そのときに、何時も『あみたぶ（阿弥陀仏）、あみたぶ（阿弥陀仏）』と唱えておられるのは、尊いことである」と説いたので、漁師たちは喜んで、一生かかって築いた財産を投げ出してお布施としたのだった。

　このような説法は時と場合を考えたものかもしれないが、本来の仏法の道理には背くものである。これが衆生のためにという心無くして、ただ布施を目当てに説法するというのでは、誤った説法である。ただもしも、聞いている人々の資質に合わせて説法しようと心がけ、少しずつ少しずつ説き進めて、今生の罪障を滅し来世の善報を生む道に導き入れる方便としてならば、理不尽な説法も罪にはならないだろう。

あとがき

本年八月をもって花園大学文学部仏教学科教授としての職を退き、新たに臨済宗方広寺派管長並びに同専門道場師家という重責を担わせていただくことになった。十七年余りにわたって貴重な宗学研究の機会を与えて下さった花園大学に感謝申し上げるとともに、ふたたび宗旨研鑽の場に立たせていただける大本山方広寺に衷心よりお礼を申し上げたい。

ついてはその就任披露ともいうべき晋山式の記念に、これまであちらこちらに書かせていただいた短文を一冊にまとめて笑覧いただいたらと考えた。

ただし、折々の対象の読者は、学内出版物ならば大学生であり、一般紙の場合は新聞購読者であり、寺報ならば寺院住職や檀信徒の方々となる。

当然ながら文体も異なるし、内容もよく言えば対機説法となるが、時宜に応じて雑多なテーマで書かせていただいている。一冊を通じて読みづらい部分もあるかと思われるが、なにとぞご寛恕願いたい。

その時その場に即して、できるだけ禅仏教の世界をわかりやすく紹介できればと私なりに努めたつもりではある。

書題は、『坦翁禅話』とさせていただいた。元天龍寺派管長関牧翁老大師に『牧翁禅話』という好著がある。中身は到底及びもしないが、僭越ながら先師に頂いた道号をもって風雅の流れを汲ませていただいている。

なお装丁については、表紙と挿し絵を正光寺住職松尾正澄師に得意の彩管を揮っていただいた。ご多忙であることは存じ上げているが、あえてご無理をお願いしたのは、大学の同窓である松尾師と記念のコラボとしたいという私の妄想からである。希薄な内容を補って余りある優美な粧いを凝らして下さった。謹んで感謝申し上げたい。

また、禅文化研究所の西村惠学師にはいつものごとく丁寧な校正と編集に当たっていただいた。こちらも心よりお礼申し上げたい。

最後に、この拙著を定中の第八十四世天龍寺派管長平田精耕老大師と第十世方広寺派管長大井際断老大師に謹んで奉献させていただく。

平成三十年八月　　北摂山房にて

安永祖堂

古人云く、唯だ一喝を余して尚お商量せんことを要す

初出一覧

禅の色　『こんぱらげ』花園大学宗教部、二〇〇二年四月、

間　『ねんげ』花園大学宗教部、二〇〇三年三月

ジャガイモと干し椎茸　「京都新聞コラム・ソフィア」二〇一一年一一月

仏様のおかげ　「京都新聞コラム・ソフィア」二〇一二年一月

カス妄想かわくない　『ねんげ』花園大学宗教部、二〇〇七年四月

坐禅のススメ　『ねんげ』花園大学宗教部、二〇一二年六月

宗学のパラドックス　『ねんげ』花園大学宗教部、二〇〇七年一二月

珊瑚枕上両行涙　『禅文化』二〇八号、二〇〇八年四月二五日

灰袋　「京都新聞コラム・ソフィア」二〇〇八年六月

下男昇天の松　『ねんげ』花園大学宗教部、二〇〇六年六月

禅のひびき　『東涌西没』第八四号、二〇〇五年二月

仏に醒める、神に酔う　『紫野』第四六号、大徳寺、二〇一五年一月

豆腐と無我	『紫野』第四七号、大徳寺、二〇一五年八月
こんにゃく問答を味わう	『紫野』第四八号、大徳寺、二〇一六年一月
雷鳥と漱石	『紫野』第四九号、大徳寺、二〇一六年八月
切腹	『紫野』第五〇号、大徳寺、二〇一七年一月
猫によせて	『紫野』第五一号、大徳寺、二〇一七年八月
日本人の微笑	『紫野』第五二号、大徳寺、二〇一八年一月
沢庵禅師が言いたかったこと	『大法輪』八四号、大法輪閣、二〇一七年八月
愛のかたち	『禅文化』一九一号、二〇〇四年一月二五日
妖怪サトリ	『禅文化』一九三号、二〇〇四年七月二五日
麻薬と劇薬	『禅文化』一九四号、二〇〇四年一〇月二五日
不実の美女	『禅文化』一九五号、二〇〇五年一月二五日
食人鬼と青頭巾	『禅文化』一九六号、二〇〇五年四月二五日
哀愁のアムステルダム	『禅文化』一九七号、二〇〇五年七月二五日
不干斎巴鼻庵	『禅文化』二〇〇号、二〇〇六年四月二五日
	同　二〇一号、二〇〇六年七月二五日
歯形の地蔵	『禅文化』二〇二号、二〇〇六年一〇月二五日

初出一覧

曹源池　『禅文化』二〇三号、二〇〇七年一月二五日
朝靄から洩れてくる虫の音のように　『禅文化』二〇五号、二〇〇七年七月二五日
孤独地獄　『禅文化』二〇六号、二〇〇七年一〇月二五日
南無阿弥陀仏　『禅文化』二〇七号、二〇〇八年一月二五日
こんな夢を見た　『禅文化』二〇九号、二〇〇八年七月二五日
山寺の和尚さん　『禅文化』二一〇号、二〇〇八年一〇月二五日
手術台のモーツァルト　『禅文化』二一一号、二〇〇九年一月二五日
書きつけ仏法、火の用心　『禅文化』二一二号、二〇〇九年四月二五日
虎にゃあにゃあ　『禅文化』二三一号、二〇一四年一月二五日

坦翁禅話

平成31年3月2日　初版第1刷発行

著　者　安永祖堂

発　行　公益財団法人 禅文化研究所
〒604-8456 京都市中京区西ノ京壺ノ内町8-1
花園大学内
TEL 075-811-5189 info@zenbunka.or.jp
http://www.zenbunka.or.jp

印　刷　㈱耕文社

ISBN978-4-88182-307-1 C0015